# MEINE
# JÜDISCHE KÜCHE

*Mein größtes Glück ist es, dass ich dieses Abenteuer zusammen mit meiner Familie erleben darf: meinen Eltern, meinem Bruder, meinen Schwestern, meinem Mann und meinen Kindern.*

*Sie sind die Säulen, der Anker in meinem Leben und das Kostbarste, das ich besitze. Ihnen verdanke ich den Elan, mit dem ich jeden Tag aufs Neue dieses schöne, aber auch anstrengende Metier ausübe.*

# MEINE JÜDISCHE KÜCHE

## REZEPTE FÜR HUMMUS, BAGELS, CHEESECAKES & CO.


FLORENCE KAHN

Fotos
**Delphine Constantini**

Foodstyling
**Sidonie Pain**

Herausgeberin
**Brigitte Éveno**



h.f.ullmann

# INHALTS-VERZEICHNIS

## VORSPEISEN



## HAUPTGERICHTE

## FEIERTAGS-GERICHTE



## BAGELS & ANDERES HERZHAFTES GEBÄCK



## SÜSSE LECKEREIEN

# DIE KÜCHE UND IHR UNGLAUBLICHER EINFLUSS AUF DIE GENERATIONEN

## SEIEN SIE HERZLICH WILLKOMMEN AN DER ECKE RUE DES ÉCOUFFES/RUE DES ROSIERS, IM MARAIS, DEM JÜDISCHEN VIERTEL VON PARIS. UND HERZLICH WILLKOMMEN IN MEINEM GESCHÄFT!

Mein Geschäft ist mehr als nur ein Feinkostladen mit Bäckerei. Es versteht sich als Botschafter einer Gastronomie, die langsam aber sicher zu verschwinden droht. Umso glücklicher bin ich daher, in diesem Viertel eine Anlaufstelle für all diejenigen sein zu können, die sich weiterhin auf die Suche nach ihren Wurzeln begeben möchten. Ich hoffe, dass mein Geschäft für einige von Ihnen auch in Zukunft ein Ort der Inspiration bleiben wird. Wir alle haben das Bedürfnis nach einem Anker im Leben. Unsere Wurzeln sind es, die uns ernähren. Unsere Identität, unsere Kultur, das Judentum werden nicht allein durch die Religion vermittelt. Auch über die Küche wird Vieles transportiert und weitergegeben. Und natürlich setzt sich meine Kundschaft nicht nur aus religiösen Menschen zusammen. Ich mag die Vorstellung, dass wir unsere Wurzeln mithilfe von Aromen und Gerüchen wiederfinden können. Letztere sind auch imstande, uns die Geschichte unserer Vorfahren in Erinnerung zu rufen – die schönen wie die schmerzvollen Momente. Ich bin aus Liebe zu diesem Metier gekommen, und aus Liebe zum Metier bin ich auch dabei geblieben. Dass ich dieses Geschäft übernommen habe, hat meine Eltern tief berührt. In ihren Augen habe ich auf diese Weise die Verbindung zwischen den Generationen, zwischen der Religion und der Familie hergestellt. Im Marais gibt es immer weniger Geschäfte, die noch von jüdischen Familien betrieben werden. Ich halte es aber für sehr wichtig, dass eine gewisse Authentizität, ein Stück Seele zwischen Tradition und Moderne bewahrt wird. Daher bin ich auch sehr froh, dass unsere wunderschöne Mosaikfassade zum Glück nicht zerstört werden kann, denn das Gebäude steht unter Denkmalschutz!

# DIE RUE DES ROSIERS UND DAS MARAIS-VIERTEL

Mit diesem Viertel verbinden sich für mich zahlreiche Erinnerungen. Mein Ururgroßvater, der Rabbiner war, wohnte in der Rue des Rosiers 24, wo er im Erdgeschoss einen Laden betrieb; er bot dort sowohl Devotionalien als auch Kurzwaren feil.
Als ich in den 1980er-Jahren ins Viertel kam, gab es dort noch lebende Hühner auf der Straße zu kaufen! An Jom Kippur reihte sich ein Hühnerkäfig an den anderen und bei dem Schächter (hebräisch Schochet) bildeten sich lange Schlangen. Die Rinnsteine waren rot getränkt vom Blut des Federviehs ...
Es war ein sehr lebendiges Viertel. Da gab es beispielsweise Bella, die einem jede Frage beantworten konnte und deren Laden man niemals verließ, ohne zuvor etwas erstanden zu haben. Und da war die Fischhändlerin mit ihren großen Brillengläsern, in deren klitzekleinem Geschäft man lebende Karpfen kaufen konnte, sowie der Zeitungshändler, der zahlreiche Raritäten aus der Welt der Musik und der jiddischen Literatur auf Lager hatte ... Als sie ins Viertel zogen, erwarben die Juden eine Reihe kleiner Lebensmittelläden gleich mit. Auf diese Weise wurde gewährleistet, dass sie koschere Produkte und Speisen bekommen konnten.
Ursprünglich war es ein rein aschkenasisches Viertel. In den 1960er-Jahren sind dann nordafrikanische Juden hinzugekommen und sind ebenfalls unter die Ladenbesitzer gegangen.
Als die aschkenasischen Juden nach Frankreich kamen, hatten sie sehr hohe Erwartungen an ihre Kinder. In Polen war es ihnen verwehrt gewesen, ein eigenes Geschäft zu betreiben oder einen intellektuellen Beruf auszuüben. Ihre Kinder hingegen konnten nun studieren und eine bessere Zukunft anstreben. Die Kehrseite war, dass nun keiner mehr den Familienbetrieb übernehmen wollte: Die Ladenlokale wurden verkauft. An die Stelle der Lebensmittelgeschäfte sind die Modeschöpfer getreten. Die Präsenz der Fashionwelt hat das Prestige des Viertels gesteigert.

Im Laufe der 1980er-Jahre ist das Marais dann so richtig in Mode gekommen. Auch viele Homosexuelle sind nach und nach dorthin gezogen. Die Mode- und die Schwulenszene existieren wunderbar nebeneinander. So lässt es sich prima leben. Das Marais hat sich zwar verändert, bleibt aber nach wie vor ein buntes Viertel, das gerade aus diesem Grund zu bestechen weiß. Insbesondere seit ein Teil davon zur Fußgängerzone umfunktioniert worden ist, herrscht hier eine fast dörfliche Atmosphäre. Die Menschen treffen sich auf der Straße, um zusammen zu essen oder zu bummeln. Hinter zahlreichen Toren verbergen sich wunderschöne baumbestandene Hinterhöfe.

Eine derart außergewöhnliche, familiäre, freundliche und kulturelle Atmosphäre findet sich nirgends sonst auf der Welt! Die zahllosen Besucher, die aus aller Welt hierher kommen, können nicht irren: Das jüdische Viertel von Paris ist, wie in vielen anderen Großstädten auch, ein Muss für jeden Touristen.

**ICH MÖCHTE SIE GANZ HERZLICH EINLADEN, NACH LUST UND LAUNE IN DIESEM BUCH ZU BLÄTTERN UND AUF DIESE WEISE DIE RUE DES ROSIERS, IHRE ATMOSPHÄRE, UNSER GESCHÄFT UND VOR ALLEM DIE KULINARISCHEN KÖSTLICHKEITEN DER JÜDISCHEN KÜCHE KENNENZULERNEN!**

# VORSP

# EISEN

**FÜR** 6 Personen
**ZUBEREITUNGSZEIT:** 20 Minuten

# HUMMUS

500 g Kichererbsen, gekocht
½ Knoblauchzehe
250 g Tahin (Sesammus)
50 ml Olivenöl
10 ml Zitronensaft
5 g Quatre-Épices-Gewürzmischung
5 g Paprikapulver plus 1 Prise zum Garnieren
5 g Salz
3 g Pfeffer
3 frische Petersilie zum Garnieren

*Hummus, eine Speise, die ursprünglich aus dem Libanon stammt, ist im Laufe der Zeit zu einer Spezialität der israelischen Küche geworden. Und auch die aschkenasische Küche ist offen für kulinarische Einflüsse aus anderen Kulturen.*

- Die Kichererbsen im Mixer sehr fein pürieren.
- Die ½ Knoblauchzehe schälen und mit der flachen Seite eines Messers oder einem Stößel zerdrücken.
- In einer Schüssel das Sesammus mit Olivenöl, Zitronensaft, Quatre-Épices-Gewürzmischung, Paprikapulver, Knoblauch, Salz und Pfeffer vermischen. 100 ml sehr kaltes Wasser zugießen. Abwarten, bis die Sesammasse das Wasser vollständig aufgenommen hat.
- Dann die fein pürierten Kichererbsen zugeben. Mithilfe einer Gabel gründlich untermengen.
- Die Petersilienblättchen abzupfen und klein hacken. Zusammen mit einer Messerspitze Paprikapulver über das Hummus streuen.

**FÜR** 6 bis 8 Personen
**ZUBEREITUNGSZEIT:** 40 Minuten

# TARAMA

250 g geräucherter Kabeljaurogen (aus dem Fischfachgeschäft)
1 Eigelb
300 ml Sonnenblumenöl
Saft von ½ Zitrone
Salz (falls nötig)

*Tarama ist ein Rezept griechischen Ursprungs, das in die jüdische Küche eingegangen ist. Wir essen es zum Gedenken an die griechischen Juden von Thessaloniki. In dieser Stadt war jahrhundertelang eine bedeutende jüdische Gemeinde mit sephardischen Wurzeln beheimatet, bevor ein Großteil dieser Menschen im Zweiten Weltkrieg deportiert wurde.*

- Den Kabeljaurogen vorsichtig aus seiner Tasche lösen. Sorgfältig die Haut abziehen, von der die Eier umgeben sind.
- Die Fischeier in eine Schüssel geben. Das Eigelb hinzufügen. Das Ganze mithilfe eines elektrischen Handrührgeräts aufschlagen und dabei, wie für die Zubereitung einer Mayonnaise, langsam nach und nach das Öl zugießen.
- Anschließend den Zitronensaft angießen und dabei ständig weiter schlagen. Falls nötig, mit etwas Salz würzen.

**FÜR** 6 bis 8 Personen
**ZUBEREITUNGSZEIT:** 30 Minuten

# ZAZIKI

1 Salatgurke
5 g Salz
2 frische Minzzweige (ersatzweise tiefgefrorene Minze verwenden)
2 frische Dillzweige (ersatzweise tiefgefrorenen Dill verwenden)
150 g cremiger Quark
150 g Crème fraîche
1 Prise Pfeffer

- Die Salatgurke waschen und längs halbieren. Mit einem großen Löffel die Kerne entfernen.
- Die Salatgurke mit einer Reibe grob raspeln.
- Die Gurkenstückchen in ein Sieb geben, das über einer Schüssel hängt. Die Gurken salzen und anschließend abtropfen lassen.
- Die Minz- und Dillzweige abspülen und auf Küchenpapier abtropfen lassen. Dann Minzeblätter und Dillspitzen abzupfen und fein hacken.
- In einer Schüssel Quark, Crème fraîche, klein gehackte Minzeblätter und Dillspitzen sowie den Pfeffer mit einer Gabel vermischen. Die abgetropften Gurkenstückchen zwischen zwei Lagen Küchenpapier trocken tupfen. Dann die Gurken zur Quarkmasse geben und untermengen. Und dann geht es zu Tisch!

**FÜR** 6 Personen
**ZUBEREITUNGSZEIT:** 30 Minuten
**BACKZEIT:** 1 Stunde 30 Minuten bis 1 Stunde 50 Minuten

# AUBERGINEN-PÜREE

1 kg Auberginen
100 g Matzemehl (Mehl aus ungesäuerten Broten, den sog. Matzen, das in diversen Onlineshops oder im jüdischen Feinkostgeschäft erhältlich ist)

Für die Mayonnaise
½ Knoblauchzehe
5 Eigelb
1 TL Senf
Salz
10 ml Zitronensaft
500 ml Speiseöl

*Das Auberginenpüree, das ursprünglich eine orientalische Speise war, hat Einzug in die jüdische Küche gehalten. Es schmeckt so unglaublich lecker, dass wir es unbedingt übernehmen mussten!*

- Die Auberginen waschen, dann längs halbieren. Die Auberginenhälften mit der Schnittfläche nach unten auf einem mit Backpapier ausgelegten Backblech verteilen. Die Auberginen bei 150 °C je nach Größe 1 Stunde 30 Minuten bis 1 Stunde 50 Minuten im Backofen garen.

- Ein Drittel der Auberginen über einer Gasflamme oder mit einem Bunsenbrenner rösten (falls möglich, ansonsten unter dem Backofengrill grillen). Danach alle Auberginen mitsamt der Schale im Mixer pürieren.

- Die Mayonnaise zubereiten. Dazu die Knoblauchzehe schälen und mit der flachen Seite eines Messers zerdrücken. In einer Schüssel Eigelb, Senf, zerdrückten Knoblauch, Salz und Zitronensaft mit einer Gabel vermischen. Das Ganze mithilfe eines elektrischen Handrührgerätes zu einer Mayonnaise aufschlagen und dabei das Öl schrittweise zugießen. Das Matzemehl und das Auberginenpüree unter vorsichtigem Rühren mit einem Küchenspatel untermengen.

- Kühl servieren.

**FÜR** 6 Personen
**ZUBEREITUNGSZEIT:** 20 Minuten
**BACKZEIT:** 20 Minuten

# PAPRIKA-PÜREE

1 kg rote Gemüsepaprika
20 g frisches Basilikum
20 g Schalotten
1 Knoblauchzehe
½ TL grüner Pfeffer
1 EL Olivenöl
½ EL Sonnenblumenöl
5 g Salz
1 Prise Pfeffer
1 Msp. gemahlener Cayennepfeffer
100 g Matzemehl (Mehl aus ungesäuerten Broten, den sog. Matzen, das in diversen Onlineshops oder im jüdischen Feinkostgeschäft erhältlich ist)

- Den Backofengrill vorheizen.
- Die roten Gemüsepaprika waschen, dann auf einem mit Backpapier ausgelegten Backblech verteilen. Die Paprikaschoten etwa 20 Minuten unter dem Grill des Backofens rösten und dabei regelmäßig wenden, damit sie von allen Seiten gegrillt werden. Die Paprikaschoten aus dem Ofen holen und sofort in einen Plastikbeutel legen. Einige Minuten schwitzen lassen, dann mit einem kleinen, spitzen Messer die Haut abziehen sowie die Kerne und den Stiel entfernen.
- Das Basilikum waschen und klein hacken. Die Schalotten schälen und ebenfalls fein hacken. Die Knoblauchzehe schälen und mit der flachen Seite eines Messers oder einem Stößel zerdrücken. Den grünen Pfeffer mit einem Stößel zerstoßen.
- Das Paprikafruchtfleisch in kleine Stücke schneiden und in eine Schüssel geben. Gehacktes Basilikum, Schalottenstückchen, zerdrückten Knoblauch, Oliven- und Sonnenblumenöl, Salz, Pfeffer, gemahlenen Cayennepfeffer, Matzemehl und zerstoßenen grünen Pfeffer hinzufügen. Alles gut verrühren.
- Kühl servieren.

**FÜR** 12 Personen
**ZUBEREITUNGSZEIT:** 45 Minuten
**GARZEIT:** 15 bis 20 Minuten

# SALAT MIT GRÜNEN ÄPFELN UND ROTKOHL

1 Rotkohl
2 grüne Äpfel der Sorte Granny Smith
1 Zitrone
4 EL weißer Essig
4 EL extrafeiner Zucker
1 TL ganze Kümmelsamen
4 EL Sonnenblumenöl
Salz, Pfeffer

- Den Rotkohl waschen und vierteln. Alle dicken weißen Rippen und den Strunk entfernen.
- Den Rotkohl mit einem kleinen Messer in feine Streifen schneiden.
- Die Äpfel waschen und schälen. Danach in sehr schmale Streifen schneiden.
- Den Zitronensaft auspressen und in eine Schüssel geben. Die Rotkohl- und die Apfelstreifen zufügen und alles gut miteinander vermengen.
- Die Mischung in einen Topf geben. Essig, Zucker, Kümmelsamen und Sonnenblumenöl hinzufügen. Mit Salz und Pfeffer würzen. Etwas Wasser angießen.
- Das Ganze aufkochen und bei niedriger Temperatur 15 bis 20 Minuten köcheln lassen. Kühl servieren.

*In Polen haben die Juden die koschere Küche auf die lokalen Produkte abgestimmt. Kohl ist in der polnischen Küche sehr präsent, denn er lässt sich leicht anbauen, ist lange haltbar, kann das ganze Jahr über gegessen werden und ist darüber hinaus auch noch sehr preiswert. Außerdem kann man ihn auf ganz unterschiedliche Weise zubereiten: roh, gekocht, geschmort ... Kurzum, aufgrund all dieser Vorzüge erstaunt es nicht, Kohl auch in der aschkenasischen Küche wiederzufinden!*

**FÜR** 4 Personen
**ZUBEREITUNGSZEIT:** 15 Minuten
**GARZEIT:** 15 bis 20 Minuten

# TOPINAMBUR-SALAT

8 Topinamburknollen
1 rote Zwiebel
5 Petersilienstängel
Salz, Pfeffer
1 Spritzer Balsamicoessig
1 EL Senf
1 Schuss Olivenöl
etwas Paprikapulver

" *Ich liebe Topinambur! Dieses fast vergessene, preisgünstige Gemüse, das ich auch gerne zu Hause koche, hat die Konsistenz und die Vielseitigkeit einer Kartoffel sowie die leicht säuerliche Note einer Artischocke. Die Zubereitung dieses Gemüses ist zwar etwas aufwendig, dafür wird man aber mit einem köstlichen Salat belohnt!*

- Die Topinamburknollen in einen Topf mit kaltem Salzwasser legen, ohne sie zu schälen. Anschließend zum Kochen bringen und 15 bis 20 Minuten köcheln lassen. Die Knollen abtropfen lassen, danach schälen und mit einem kleinen, spitzen Messer in dicke Scheiben schneiden.

- Die Zwiebel schälen und in dünne Ringe schneiden. Die Petersilienblätter abzupfen, waschen und fein hacken.

- In einer Schüssel die Sauce anrühren. Dazu das Salz im Balsamicoessig auflösen, dann Senf, Olivenöl, Pfeffer und Paprikapulver zugeben. Mit einer Gabel gründlich vermischen.

- Die Topinamburscheiben und die Zwiebelringe in die Schüssel geben. Umrühren, dann den Salat mit der fein gehackten Petersilie bestreuen.

- Sofort servieren.

*Lauwarm serviert ist dieser Salat ein echter Genuss! Wer es gerne etwas pikanter mag, kann ihn auch mit etwas Piment d'Espelette würzen. Der Salat passt übrigens wunderbar zu Hering.* "

**FÜR** 8 Personen
**ZUBEREITUNGSZEIT:** 30 Minuten
**GARZEIT:** 40 Minuten

# PIROGGEN MIT KARTOFFEL-ZWIEBEL-FÜLLUNG

- 2 große Kartoffeln der Sorte Bintje
- 1 rote Zwiebel
- 2 EL Sonnenblumenöl
- 2 Eier, verquirlt
- 1 gehäufter EL Crème fraîche
- Salz, Pfeffer
- 1 Portion Kreplach-Teig (siehe Rezept auf Seite 52)

*„Manchmal braucht es gar nicht viel, um richtig lecker zu essen! Sie können die Piroggen einfach in ein wenig Butter geschwenkt servieren oder sie mit etwas Knoblauch in der Pfanne anbraten oder auch mit einem Schuss Tomatensauce garniert im Backofen goldbraun backen.*

- Die Kartoffeln waschen und mit Schale in einen Topf mit kaltem Salzwasser legen. Das Ganze zum Kochen bringen und die Kartoffeln im siedenden Wasser etwa 20 Minuten garen, bis ein mittig in eine Kartoffel gestochenes spitzes Messer problemlos hineingleitet.

- Inzwischen die rote Zwiebel schälen und in etwa 1 cm große Würfelchen schneiden. Die Zwiebelwürfel in einer sehr heißen Pfanne in dem Sonnenblumenöl andünsten,. dann abtropfen und abkühlen lassen. Die fertig gekochten Kartoffeln mit einem kleinen spitzen Messer pellen, danach mit einer Gabel zerstampfen. Die verquirlten Eier, die Crème fraîche und die abgekühlten Zwiebelwürfel hinzufügen. Mit Salz und Pfeffer abschmecken. Falls nötig, nachwürzen (der Kartoffel-Zwiebel-Mix sollte schön pfeffrig sein!).

- Den Kreplach-Teig auf der Arbeitsfläche ausrollen. Mithilfe eines kleinen spitzen Messers Teigquadrate von etwa 6 cm Seitenlänge ausschneiden. Aus der Kartoffel-Zwiebel-Masse kleine Bällchen formen und diese als Füllung jeweils in die obere Ecke der Teigquadrate geben. Dann aus den Quadraten dreieckige Teigtaschen formen. Die beiden gegenüberliegenden Enden der Teigtaschen zusammenführen, indem man sie um den Finger wickelt. Die Enden fest andrücken, damit alles gut zusammenhält.

- Die Piroggen in einen Topf mit kochendem Salzwasser geben. Etwa 5 Minuten köcheln lassen. Mit einem Schaumlöffel herausnehmen und abtropfen lassen. Dann in eine Schüssel geben. Mit Frischhaltefolie abdecken und bis zum Verzehr bei Zimmertemperatur aufbewahren.

**FÜR** 6 bis 8 Personen
**ZUBEREITUNGSZEIT:** 45 Minuten
**RUHEZEIT:** 1 Stunde
**GARZEIT:** 30 Minuten

# PIROSCHKI

Für den Teig
250 g Mehl
15 g Zucker
10 g frische Hefe
1 kleines Ei, verquirlt
40 g zimmerwarme Margarine
¼ TL Salz

Für die Fleischfüllung
½ Zwiebel
½ EL Sonnenblumenöl
125 g Rinderhackfleisch
Salz, Pfeffer

Zum Bestreichen
1 Ei

- Für den Teig alle Teigzutaten mit 50 Millilitern kaltem Wasser in den Mixbehälter einer Küchenmaschine füllen und so lange durchkneten, bis ein homogener Teig entstanden ist. Die Teigkugel in Frischhaltefolie wickeln und 1 knappe Stunde in den Kühlschrank legen.
- Für die Fleischfüllung die Zwiebel schälen und in Scheiben schneiden. Die Zwiebelscheiben in einem Schmortopf in dem Öl kräftig anbraten, bis sie schön goldbraun sind. Das Hackfleisch hineingeben und ebenfalls braten, bis es gut durchgegart ist. Mit Salz und Pfeffer abschmecken. Beiseitestellen und abkühlen lassen.
- Den Backofen auf 180 °C vorheizen.
- Den Teig mit einem Nudelholz dünn ausrollen. Mit einer runden Ausstechform Kreise mit einem Durchmesser von je 6 cm ausstechen.
- Aus der abgekühlten Hackfleischmasse kleine Bällchen formen und diese als Füllung jeweils in die Mitte der Teigkreise geben. Daraus kleine Teigtaschen formen, indem man die eine Teighälfte über die andere klappt und die Ränder fest andrückt. Die Piroschki auf ein mit Backpapier ausgelegtes Backblech legen.
- Die Oberseite der Teigtaschen mit dem verquirlten Ei einpinseln. Die Piroschki im Backofen 20 Minuten backen.

*Piroschki werden traditionell zu Borschtsch-Suppe verzehrt. Zuerst einen Löffel Borschtsch, dann ein Piroschki-Häppchen ... was für ein Genuss!*

*Die kleinen Piroschki lassen sich mit ganz unterschiedlichen Zutaten füllen, sodass Ihrer Fantasie keine Grenzen gesetzt sind: eine Mischung aus Spinat und Ziegenkäse ist beispielsweise denkbar, aber auch Sauerkraut, Champignons, Fisch, Eintopfreste etc. kommen als Füllung infrage.*

**"**

**FÜR** 6 Personen
**ZUBEREITUNGSZEIT:** 40 Minuten
**BACKZEIT:** 30 Minuten

# SPINATQUICHE

Für den Mürbeteig
250 g Mehl plus etwas Mehl für die Arbeitsfläche
1 Prise Salz
120 g weiche Butter
1 Eigelb
2 TL eiskaltes Wasser

500 g Spinatblätter
1 Schuss Olivenöl
100 g Haselnüsse
2 Eier
100 ml flüssige Sahne
200 g Frischkäse, gut abgetropft
50 g geriebener Käse
Salz, Pfeffer

- Für den Mürbeteig Mehl, Salz und Butter mit den Fingerspitzen vermischen, dann zwischen den Handflächen verreiben, bis eine feine, leicht körnige Konsistenz entstanden ist. Das Eigelb mithilfe eines Schneebesens mit dem Eiswasser verrühren, dann die Flüssigkeit schrittweise unter die Teigmasse kneten und dabei eine Kugel formen. Die Teigkugel 1 Stunde an einem kühlen Ort ruhen lassen.

- Den Spinat in einem großen Schmortopf in dem Olivenöl zusammenfallen lassen. Gut umrühren und 10 Minuten bei mittlerer Temperatur garen.

- Den Backofen auf 180 °C vorheizen. Die Arbeitsfläche mit Mehl bestäuben, darauf den Mürbeteig etwa 3 mm dick ausrollen. Mit dem Teig eine Quicheform auskleiden. Mit Backpapier bedecken und obenauf Backkugeln oder Hülsenfrüchte zum Blindbacken verteilen. Den Teig bei 180 °C 20 Minuten backen.

- Die Haselnüsse mit einem kleinen Messer grob hacken. In einer Schüssel Eier, Sahne, Frischkäse, geriebenen Käse, Salz und Pfeffer mit dem Schneebesem vermischen. Danach die gehackten Haselnüsse und den Spinat zufügen. Mit einer Gabel vorsichtig untermengen.

- Den Quichebelag auf dem Mürbeteig verteilen und glatt streichen. Die Quiche danach sofort in den Backofen schieben. Bei 180 °C etwa 30 Minuten backen.

*Diese Spinatquiche wird nicht nur bei Veggie-Fans gut ankommen, sondern auch bei all denen, die es gerne üppig mögen: ein Quichebelag mit Frischkäse, Sahne, geriebenem Käse und Haselnüssen ... einfach köstlich, das Ganze!*

”

**FÜR** 3 bis 4 Personen
**ZUBEREITUNGSZEIT:** 30 bis 40 Minuten
**WÄSSERUNGSZEIT:** 2 bis 12 Stunden

# SALZHERINGE

## *(„SCHMALTZ HERRING“)*

- 1 Ostsee-Salzhering (300 bis 400 g)
- Wasser und Milch (in ausreichender Menge, sodass der Hering vollständig bedeckt ist)
- 1 Speisezwiebel oder 1 Frühlingszwiebel

> *Einfach eine Portion Salzhering auf einer dicken Scheibe Kümmelbrot anrichten, zusammen mit ein paar Granny-Smith-Streifen ... Jetzt braucht man nur noch hineinzubeißen und die Augen zu schließen, und schon fühlt man sich fast wie an der Ostsee. Die pure Magie!*

- Wasser und Milch zu gleichen Teilen vermischen und den Salzhering darin nach Belieben 2 bis 12 Stunden einlegen, um ihn zu entsalzen.
- Den Kopf des Herings abschneiden. Den Hering mit einem kleinen spitzen Messer am Bauch aufschlitzen, um die Innereien zu entfernen. Den Heringsrogen bzw. die Heringsmilch aufbewahren. Sie lassen sich für ein anderes Gericht verwenden.
- Den Hering am Rücken entlang einschneiden. Die Fischhaut zwischen Daumen und Messer klemmen und dann vom Kopfende zum Schwanz hin abziehen. Den Hering entlang der Mittelgräte längs aufschneiden, dann die Mittelgräte zwischen Daumen und Zeigefinger nehmen und ablösen. Zusammen mit der Mittelgräte so viele kleine Gräten wie möglich entfernen.
- Die beiden Heringsfilets herauslösen. Dazu die Bauchgräten entfernen. Die Heringsfilets unter fließendem kaltem Wasser gründlich abspülen. Anschließend in Stücke schneiden.
- Die Zwiebel schälen und in feine Ringe schneiden (mit Frühlingszwiebel schmeckt der Hering sogar noch besser).
- Die Heringsstücke mit den Zwiebelringen garniert servieren.

**FÜR** 8 bis 10 Personen
**ZUBEREITUNGSZEIT:** 50 Minuten
**BACKZEIT:** 1 Stunde

# ZUCCHINI-STRUDEL

1 Portion herzhafter Strudelteig (siehe Rezept auf Seite 128)
2 Zucchini
1 Knoblauchzehe
20 g glatte Petersilienblätter
200 g Ziegenfrischkäse
75 g cremiger Quark
100 ml Vollmilch
10 g ganze Kreuzkümmelsamen
2 Eier
20 g Mehl
Salz, Pfeffer
75 g Cracker
25 g Erdnussflocken
50 g geriebener Parmesan
50 g streichfähige Butter

- Den Strudelteig zubereiten (siehe Rezept auf Seite 128).
- Die Zucchini waschen und die Enden abschneiden. Die Zucchini mit einem Gemüseschäler der Länge nach in dünne Streifen schneiden. Die Knoblauchzehe schälen und mit einer Knoblauchpresse zerdrücken. Die Petersilienblättchen waschen und fein hacken.
- Den Backofen auf 160 °C vorheizen.
- Die Zucchinistreifen 30 Sekunden in einen Topf mit kochendem Salzwasser tauchen. In ein Sieb geben und kalt abschrecken. Auf einer Lage Küchenpapier trocknen lassen.
- In einer Schüssel den Ziegenfrischkäse und den Quark mit einer Gabel vermischen. Mit der Milch glatt rühren. Knoblauch, Petersilie und Kreuzkümmelsamen zufügen, dann die Eier nacheinander einarbeiten. Das Mehl untermengen. Salzen und pfeffern. Die Zucchinistreifen hineingeben und untermischen.
- Cracker, Erdnussflocken, Parmesan und Butter in den Mixer geben und zerkleinern. Die Ziegenkäse-Zucchini-Masse auf den Strudelteig geben und das Ganze einrollen. Die Oberseite des Zucchini-Strudels mit dem Mix aus Crackern, Erdnussflocken, Parmesan und Butter bestreichen.
- Den Strudel bei 160 °C 1 Stunde im Backofen backen.

**FÜR** 8 Personen
**ZUBEREITUNGSZEIT:** 1 Stunde
**BACKZEIT:** 1 Stunde

# KÜRBIS-HASELNUSS-STRUDEL

1 Portion herzhafter Strudelteig (siehe Rezept auf Seite 128)
2 kg Kürbis
1 Schuss Olivenöl
Salz, Pfeffer
600 g Haselnüsse

Zum Bestreichen
1 Ei, verquirlt

- Den Strudelteig zubereiten.
- Den Backofen auf 180 °C vorheizen.
- Den Kürbis schälen, dann das Kürbisfleisch in große Würfel schneiden. Die Kürbiswürfel mit dem Schuss Olivenöl und etwas Salz und Pfeffer in eine Schüssel geben. Alles gut miteinander vermischen. Bei Bedarf ruhig noch einmal nachpfeffern.
- Die Kürbiswürfel auf einem mit Backpapier ausgelegten Backblech verteilen. Bei 180 °C etwa 20 Minuten im Backofen garen. Die Kürbisstücke auf Zimmertemperatur abkühlen lassen.
- Die Haselnüsse ohne Fett in einer Pfanne rösten und danach mit einem kleinen, spitzen Messer grob hacken.
- In einer Schüssel die abgekühlten Kürbiswürfel und die gehackten Haselnüsse miteinander vermengen. Ein sauberes Geschirrtuch auf der Arbeitsfläche ausbreiten. Darauf die Strudelteig-Kugel legen. Den Teig mit einem Nudelholz 1,5 mm dick ausrollen und ihn dabei so weit wie möglich dehnen. Die Ecken mit Gewichten beschweren, um zu verhindern, dass der elastische Teig sich wieder zusammenzieht.
- Die Kürbis-Haselnuss-Masse auf der Teigfläche verteilen und dabei einen 2 cm breiten Rand frei lassen. Den Teig mitsamt der Füllung mithilfe des Geschirrtuchs behutsam einrollen (der Teig ist sehr empfindlich und bricht leicht!). Den Strudel vorsichtig auf ein mit Backpapier ausgelegtes Backblech legen. Die Strudeloberseite mit dem verquirlten Ei bepinseln. Den Strudel in den Ofen schieben und 45 Minuten backen.

**FÜR** 1 Sandwich
**ZUBEREITUNGSZEIT:** 30 Minuten

# PASTRAMI-SANDWICH

1 Zwiebel-*Pletzl* (Zwiebelbrötchen) (siehe Rezept auf Seite 92)
2 TL Auberginenpüree (siehe Rezept auf Seite 22)
2 Pastrami-Scheiben (im Feinkostgeschäft oder beim Metzger vorbestellen)
einige Tomatenscheiben
1 Gewürzgurke, in feine Scheiben geschnitten
2 TL Paprikapüree (siehe Rezept auf Seite 24)

*Dieses superleckere Sandwich, das auf der ganzen Welt geschätzt wird, gehört mittlerweile zu den Verkaufsschlagern in der Rue des Rosiers. Unsere Street-Food-Fans sind begeistert!*

- Das Zwiebel-*Pletzl* quer aufschneiden.
- Die untere Brötchenhälfte mit Auberginenpüree bestreichen, dann die Pastrami-Scheiben in feine Streifen schneiden und diese auf dem Brötchen verteilen. Einige Tomaten- und Gurkenscheiben darauflegen.
- Die obere Hälfte des Brötchens mit Paprikapüree bestreichen, das Ganze als Deckel auf die Tomaten- und Gurkenscheiben setzen – und fertig ist Ihr Pastrami-Sandwich!

*Bei Pastrami handelt es sich um ein Stück Rinderbrust, das mehrere Tage in einer Marinade aus Zwiebeln, Knoblauch, Gewürzen und Salpeter (oder Nitritpökelsalz) gepökelt wird. Das Fleisch wird einmal am Tag gewendet, damit es sich schön „entspannt" und den Geschmack der Salzlake annimmt. Wenn das Fleisch gut durchgezogen und gereift ist, wird es auch noch in Brühe gekocht, anschließend geräuchert und dann mit Knoblauch und Pfeffer gewürzt, um den charakteristischen Pastrami-Geschmack zu erhalten.*

Florence
Kahn

# EIN PASTRAMI-SANDWICH

*aus der Rue des Rosiers.*

Yiddish
Patisserie
Yiddish
Depuis 1932
Mame strudel,
Valroucka,
Roulé au pavot,
Chausson au fromage,
FLORENCE
KAHN
Consultez-nous pour
vos réceptions, cocktails,

# HAUPTG

# ERICHTE

**FÜR** 4 Personen
**ZUBEREITUNGSZEIT:** 50 Minuten
**GARZEIT:** 1 Stunde 20 Minuten

# BORSCHTSCH-SUPPE

Für die Rote-Bete-Suppe
1 kg Rote Bete
Salz, Pfeffer

Für die Rinderbrühe
1 Stange Lauch
1 Möhre
1 Stange Staudensellerie
1 Steckrübe
1 Zwiebel
1 Knoblauchzehe
1 Schulterstück vom Rind (1 kg)
Salz, Pfeffer

1 Schuss weißer Essig oder einige Tropfen Zitronensaft zum Abschmecken

*„Bei mir wird die Borschtsch-Suppe immer in zwei Etappen zubereitet: Die fruchtige, intensive Rote-Bete-Suppe und die kräftige Rinderbrühe koche ich separat und vermische sie erst danach, damit der Borschtsch seinen wunderbar würzigen, leicht säuerlichen Geschmack erhält. Denn im Gegensatz zur vorherrschenden Meinung ist Borschtsch alles andere als fade und langweilig: er ist deftig, herzhaft und sehr intensiv im Geschmack. Versuchen Sie sich doch auch einmal daran und sehen Sie selbst!*

- Die Rote Bete schälen und in kleine Stücke schneiden. In einen Topf mit 1 Liter kaltem Wasser geben. Das Ganze zum Kochen bringen und mit je einer Prise Salz und Pfeffer 30 Minuten zugedeckt leicht köcheln lassen. Dann den Deckel abnehmen und das Gemüse weitere 10 Minuten garen, damit der Sud intensiv nach Roter Bete schmeckt. Zum Ende der Garzeit die Rote-Bete-Stücke mit einem Schaumlöffel aus der Suppe heben. Die Suppe durch ein feinmaschiges Sieb abseihen.

- Inzwischen die Rinderbrühe zubereiten. Dazu Lauch, Möhre, Staudensellerie, Steckrübe, Zwiebel und Knoblauchzehe waschen und schälen. Das ganze Gemüse in Stücke schneiden. Das Fleisch in einen Topf mit 2 Litern kaltem Wasser legen. Zum Kochen bringen und anschließend leicht köcheln lassen. Dabei immer wieder den Schaum abschöpfen.

- Nach etwa 15 Minuten, wenn der Schaum gut abgeschöpft ist, das Gemüse hineingeben. Mit Salz und Pfeffer würzen. Etwa 1 Stunde 15 Minuten weiterkochen lassen, bis das Fleisch schön zart ist. Mithilfe eines Schaumlöffels Gemüse und Fleisch herausheben. Das Fleisch auf einem Servierteller beiseitestellen und warmhalten.

- Die Rinderbrühe einköcheln lassen, bis etwa genauso viel Brühe wie Rote-Bete-Suppe vorhanden ist. Die Rinderbrühe durch ein feinmaschiges Sieb abseihen. In einer Suppenschüssel Rinderbrühe und Rote-Bete-Suppe zu gleichen Teilen miteinander vermischen. Falls nötig, den Geschmack mit einem Schuss weißem Essig oder einigen Tropfen Zitronensaft abrunden. Das Rindfleisch in Stücke schneiden und zur Borschtsch-Suppe reichen.

**FÜR** 6 Personen
**ZUBEREITUNGSZEIT:** 50 Minuten
**GARZEIT:** 2 Stunden

# BORSCHTSCH-SUPPE MIT KOHL

1 Schulterstück vom Rind (1 kg)
Salz
300 g Wirsingkohl
1 rohe Rote Bete
1 Stange Staudensellerie
1 Stange Lauch
1 Steckrübe
1 Tomate
30 g Rosinen

*Diese ursprünglich ukrainische Spezialität findet man auch auf der Krim und in Litauen. Der Kohl gibt der Suppe eine angenehm säuerliche Note.*

- Das Rindfleisch in einen Topf mit 3 Litern kaltem Salzwasser legen. Aufkochen, dann 1 Stunde zugedeckt leicht köcheln lassen und dabei häufig den Schaum abschöpfen.
- In der Zwischenzeit den Wirsing waschen und mit einem sehr spitzen Messer in etwas breitere Streifen schneiden. Rote Bete, Sellerie, Lauch und Steckrübe waschen und schälen, dann das Gemüse grob in Stücke schneiden. Die Tomate waschen und vierteln.
- Nachdem das Fleisch 1 Stunde gegart wurde, das Gemüse in die klare Suppe geben.
- Das Ganze bei mittlerer Temperatur 1 Stunde ohne Deckel weiterköcheln lassen. Zum Ende der Garzeit die Rosinen zufügen.
- Zu der Borschtsch-Suppe mit Rindfleisch gefüllte Piroschki (siehe Rezept auf Seite 32) servieren.

**FÜR** 6 Personen
**ZUBEREITUNGSZEIT:** 30 Minuten
**GARZEIT:** 1 Stunde 30 Minuten

# HÜHNER-BOUILLON MIT KREPLACH

## *(GEFÜLLTE TEIGTASCHEN)*

> *Dieses Gericht kommt so gut an, dass ich es jede Woche aufs Neue im Geschäft anbiete. Die Hühnersuppe gehört zu den Klassikern der aschkenasischen Küche. Man bereitet sie an Feiertagen zu, und darüber hinaus eignet sie sich als Seelenfutter für alle Gemütslagen.*

Für die Bouillon
700 g Möhren
200 g Steckrüben
350 g Staudensellerie
350 g Lauch
1 kg Hühnerfleisch, in mundgerechte Stücke geschnitten
Salz, Pfeffer

Für die Kreplach-Füllung
½ Zwiebel
100 g Rinderhackfleisch
Salz, Pfeffer

Für den Kreplach-Teig
150 g Mehl plus etwas Mehl für die Arbeitsfläche
1 kleines Ei
1 Prise Salz
50 ml Wasser

- Für die Bouillon Möhren, Steckrüben, Sellerie und Lauch waschen und putzen. In große Stücke schneiden. Das Hühnerfleisch in einen großen Schmortopf geben und mit kaltem Wasser bedecken. Salzen, pfeffern und zum Kochen bringen. Den Schaum abschöpfen, dann das Gemüse hinzufügen. Etwa 1 Stunde 30 Minuten köcheln lassen, danach den Topf vom Herd nehmen. Die Brühe durch ein feinmaschiges Sieb abseihen und beiseitestellen.
- Für die Kreplach-Füllung die Zwiebel schälen und in dünne Ringe schneiden. Die Zwiebelringe zusammen mit dem Hackfleisch in einer Pfanne anbraten, mit Salz und Pfeffer abschmecken und abkühlen lassen.
- Für den Kreplach-Teig alle Zutaten im Mixbehälter einer Küchenmaschine durchkneten, bis ein homogener, elastischer Teig entstanden ist. Die Arbeitsfläche mit Mehl bestäuben. Den Teig mit einem Nudelholz 1 bis 2 mm dick ausrollen und an allen vier Ecken mit einem Gewicht beschweren, da er sich sonst wieder zusammenzieht. Teigquadrate von 5 cm Seitenlänge ausschneiden und in die Mitte jeweils etwas von der Hackfleischfüllung geben. Die untere Hälfte der Teigquadrate über die Füllung klappen, sodass dreieckige Teigtaschen entstehen. Die beiden gegenüberliegenden Enden der Dreiecke zusammenführen. Fest andrücken. Die Kreplach mit der Spitze nach oben auf einen Teller legen.
- Einen Topf mit Salzwasser zum Kochen bringen. Die Kreplach in das kochende Wasser geben. Sobald sie an der Wasseroberfläche auftauchen, noch 1 Minute warten, dann mit einem Schaumlöffel herausnehmen. In eine Schüssel legen, diese mit Frischhaltefolie abdecken und die Teigtaschen vollständig abkühlen lassen. Die Hühnerbouillon in einem Topf erhitzen und einige Minuten vor dem Servieren die Kreplach hineingeben.

**FÜR** 6 bis 8 Personen
**ZUBEREITUNGSZEIT:** 30 Minuten
**GARZEIT:** 2 Stunden 30 Minuten

# SPEZIAL-EINTOPF

Für die Kartoffelnudeln
500 g große Kartoffeln der Sorte Bintje
grobkörniges Salz
150 g Mehl
1 Eigelb

Für den Eintopf
1 kg Möhren
300 g Steckrüben
500 g Lauch
500 g Staudensellerie
1,5 kg Rindfleisch (Schulter, Hohe Rippe oder Keule...)
1 Rinderknochen, vorzugsweise 1 Gelenkknochen
1 Bouquet garni
Salz, Pfeffer

*In diesen Eintopf kommen Kartoffelnudeln. Zusammen mit der Brühe schmeckt das einfach wunderbar!*

- Für die Kartoffelnudeln die Kartoffeln schälen, waschen und in Stücke schneiden. Dann in einem Topf mit kochendem Salzwasser etwa 20 Minuten garen. Die Kartoffeln mit einer Kartoffelpresse oder einer Gabel fein pürieren und sofort das Mehl unterrühren. Danach das Eigelb zufügen.

- Zügig durchkneten, bis eine Teigkugel entstanden ist (es ist sehr wichtig, dass das Püree noch warm ist). Die Teigkugel sofort in Scheiben schneiden und diese zu Rollen von etwa 1,5 cm Durchmesser formen. Die Rollen in 1 cm lange Nudelsegmente teilen. Die Kartoffelnudeln in einen Topf mit kochendem Salzwasser geben. Die Nudeln sind gar, sobald sie an der Wasseroberfläche auftauchen. Mit einem Schaumlöffel aus dem Topf nehmen und in eine Glasschüssel füllen. Diese mit Frischhaltefolie abdecken.

- Für die Brühe das Gemüse waschen und putzen, dann grob in Stücke schneiden. Das Fleisch ebenfalls in Stücke schneiden, in einen Schmortopf geben und mit kaltem Wasser bedecken. Rinderknochen und Bouquet garni hinzufügen. Salzen und pfeffern. Zum Kochen bringen. Den Schaum abschöpfen, dann das Gemüse hineingeben. Etwa 2 Stunden leicht köcheln lassen.

- Den Schmortopf vom Herd nehmen und die Brühe abseihen. In der Servierschüssel das Fleisch anrichten und mit Brühe übergießen. Kartoffelnudeln und Gemüse hinzufügen. Sofort servieren.

**FÜR** 6 Personen
**ZUBEREITUNGSZEIT:** 15 Minuten
**GARZEIT:** 40 Minuten

# GEWÜRZGURKEN-SUPPE

6 große süßsaure Gewürzgurken (ca. 500 g)
1 Stange Lauch
1 Steckrübe
1 Kartoffel
1 Möhre
1 Stange Staudensellerie
1 l Hühnerbrühe
1 Bouquet garni
2 EL Crème fraîche
Salz, Pfeffer

*Bei der Gewürzgurkensuppe handelt es sich um ein außergewöhnliches polnisches Rezept, das sich vom Üblichen abhebt und absolut köstlich schmeckt. Im Sommer kann man die Suppe gekühlt in kleinen Gläsern servieren.*

- Die Gewürzgurken auf einer Reibe mit großen Löchern grob raspeln.
- Das gesamte restliche Gemüse waschen, schälen und klein schneiden.
- Die Hühnerbrühe in einen großen Topf gießen. Zum Kochen bringen. Klein geschnittenes Gemüse und Bouquet garni hineingeben. Alles zusammen etwa 40 Minuten in der siedenden Hühnerbrühe garen.
- Den Topf vom Herd nehmen, dann die geraspelten Gewürzgurken und die Crème fraîche zufügen. Mit Salz und Pfeffer abschmecken. Nur noch umrühren und dann zu Tisch!

**FÜR** 4 Personen
**ZUBEREITUNGSZEIT:** 10 Minuten
**GARZEIT:** 15 Minuten

# MATZEKNÖDEL

4 Eier
300 g Matzemehl (Mehl aus ungesäuerten Broten, den sog. Matzen, das in diversen Onlineshops oder im jüdischen Feinkostgeschäft erhältlich ist)
1 kleines Glas sehr kaltes, kohlensäurehaltiges Wasser
1 l Wasser oder Hühnerbrühe
Salz, Pfeffer
etwas Speiseöl

- In einer Schüssel die Eier aufschlagen und mithilfe einer Gabel verquirlen. Anschließend das Matzemehl, zusammen mit dem Sprudelwasser, unter ständigem Rühren nach und nach einrieseln lassen.
- 1 Liter gesalzenes und gepfeffertes Wasser oder vorzugsweise 1 Liter Hühnerbrühe erhitzen.
- Die Hände mit etwas Öl einfetten, damit eine kleine Portion Teig abteilen und daraus walnussgroße Knödel formen. Diese in das kochende Wasser bzw. die Brühe geben.
- Sobald die Matzeknödel an der Wasseroberfläche auftauchen, noch 3 Minuten warten, dann herausnehmen und abtropfen lassen. In eine Servierschüssel legen und diese sofort mit Frischhaltefolie abdecken.

*Matzeknödel passen sehr gut als Einlage in eine Hühnerbouillon. Und auch zu einer Fleischsauce schmecken sie lecker.*

”

**FÜR** 8 Personen
**ZUBEREITUNGSZEIT:** 15 Minuten
**GARZEIT:** 40 Minuten

# MATZEKNÖDEL VON SANDRINE MOSS-PISSARO

- 1 kg Zwiebeln
- 3 EL Sonnenblumenöl
- ½ Bund Petersilie
- 1 Prise gemahlener Kreuzkümmel
- ½ TL Paprikapulver
- ½ TL gemahlener Ingwer
- 1 Prise Quatre-Épices-Gewürzmischung
- 1 EL brauner Zucker
- 2 Beutel Matzeknödel Fertigmischung, im Feinkostgeschäft oder im Internet erhältlich
- 1 l Hühnerbrühe

*„Bei den Matzeknödeln von Sandrine war selbst ich beeindruckt: In ihnen mischt sich die aschkenasische mit der sephardischen Welt … Alles in allem keine schlechte Idee, die traditionellen Rezepte ein wenig zu modernisieren und geschmacklich aufzupeppen! Sandrine hat es jedenfalls gewagt und das Ergebnis gibt ihr recht – ihre Matzeknödel sind einfach nur köstlich!*

- Die Zwiebeln schälen und in Ringe schneiden. Anschließend die Zwiebelringe in einer Pfanne in 1 Esslöffel Sonnenblumenöl goldgelb dünsten und danach mit einer Küchenschere klein schneiden.

- Die Petersilie waschen und fein hacken. Zusammen mit den Zwiebelstückchen, dem Kreuzkümmel, dem Paprikapulver, dem Ingwer, der Quatre-Épices-Gewürzmischung und dem braunen Zucker in die Pfanne geben. Das Ganze mit dem Inhalt der beiden Kneidl-Beutel vermischen.

- Die Hände mit etwas Öl einfetten, kleine Teigportionen abteilen und daraus walnussgroße Knödel formen.

- Die Hühnerbrühe in einem großen Topf erhitzen. Die Matzeknödel in die siedende Hühnerbrühe geben und darin 15 bis 20 Minuten garen.

- Die Knödel mithilfe eines Schaumlöffels herausheben, abtropfen lassen, dann in eine Glasschüssel legen und diese mit Frischhaltefolie abdecken. Die Brühe beiseitestellen.

- Die Matzeknödel kurz vor dem Servieren noch einmal in der Brühe erhitzen.

**FÜR** 6 Personen
**ZUBEREITUNGSZEIT:** 50 Minuten
**GARZEIT:** 30 Minuten

# HERING IM PELZMANTEL

## *(RUSSISCHER SCHICHTSALAT)*

*Dieser aus Russland stammende Schichtsalat wird bei Familienfesten gerne als Vorspeise oder auch als Hauptgericht aufgetischt. Er sieht sehr spektakulär aus, da er oft in Form einer sehr großen Kuppel arrangiert wird und zudem durch seine farbenfrohe Präsentation besticht.*

4 festkochende Kartoffeln (z. B. der Sorte Roseval, Charlotte, Amandine ...)
2 große Rote Beten, gekocht
2 große Möhren
4 Eier
6 Heringsfilets
1 Zwiebel
1 kleine Dose Erbsen
2 große Gewürzgurken
1 Bund Petersilie
1 Glas Mayonnaise
Salz, Pfeffer

- Die Kartoffeln waschen und mit Schale in einen großen Topf mit kaltem Salzwasser legen. Das Ganze zum Kochen bringen. Etwa 20 Minuten köcheln lassen, bis ein mittig in eine Kartoffel gestochenes spitzes Messer mühelos hineingleitet. Beiseitestellen und abkühlen lassen.
- Die Rote Beten waschen. Eine halbe Rote Bete in dünne Scheiben schneiden. Die restlichen Rote Beten fein reiben. Die Möhren schälen, dann in einem Topf mit kochendem Salzwasser bissfest garen. Die gegarten Möhren grob raspeln. Die Eier in einen Topf mit kaltem Wasser legen, aufkochen und dann etwa 10 Minuten garen. Die abgekühlten Eier pellen, dann fein reiben. Die Heringsfilets in feine Streifen schneiden. Die Zwiebel schälen und in dünne Ringe schneiden. Die Erbsen in einem Sieb abtropfen lassen, dann unter fließendem kaltem Wasser abspülen. Kartoffeln und Gewürzgurken in dünne Scheiben schneiden. Die Petersilie waschen und klein hacken.
- Die Zutaten in einer hohen Glasschüssel, einem mit Backpapier ausgelegten Backring oder hohen Dessertgläsern anrichten: Zuerst kommt eine dünne Schicht Kartoffeln. Diese dünn mit Mayonnaise bestreichen. Darauf folgen eine erste Lage Heringsfilet, die Hälfte der Zwiebelringe, eine weitere dünne Schicht Mayonnaise, eine Schicht geriebene Rote Bete, wieder Mayonnaise, dann die geriebenen Möhren, nochmals eine dünne Schicht Mayonnaise, die gesamten Erbsen, erneut Mayonnaise, eine zweite Lage Heringsfilet, die restlichen Zwiebelringe, eine dünne Schicht Mayonnaise, eine zweite dünne Schicht Kartoffeln, wieder Mayonnaise, die Gewürzgurkenscheiben, die Rote-Bete-Scheiben und eine letzte dünne Schicht Mayonnaise. Obenauf die fein geriebenen hartgekochten Eier und die klein gehackte Petersilie dekorieren.

**FÜR** 6 bis 8 Personen
**ZUBEREITUNGSZEIT:** 40 Minuten
**GARZEIT:** 1 Stunde

# HALUSKAHN

100 g geräucherte Gänsebrust
25 g Zwiebel
1 Schuss Sonnenblumenöl
500 g Sauerkraut
650 g Kartoffelnudeln (siehe Rezept auf Seite 54)
40 g Gänsefett
50 ml trockener Weißwein
2 g gemahlener Kreuzkümmel
Salz, Pfeffer

*Bei einem Besuch in Prag habe ich das erste Mal Halusky, ein traditionelles slowakisches Gericht, kosten dürfen. Ich habe es an jüdische Bräuche angepasst, indem ich das Schweinefleisch durch geräucherte Gänsebrust ersetzt habe, die den Geschmack noch würziger macht. Seitdem trägt das Gericht bei mir seinen leicht abgewandelten Namen …*

- Den Backofen auf 180 °C vorheizen.
- Die Gänsebrust in kleine Würfel schneiden und bei mittlerer Temperatur in einer Pfanne goldbraun braten.
- Die Zwiebel schälen und in dünne Ringe schneiden. In einer Pfanne in dem Sonnenblumenöl goldbraun braten. Dann die Zwiebelringe mit einer Küchenschere klein schneiden.
- In einer großen Schüssel Sauerkraut, Gänsebrustwürfel, Zwiebelstückchen und die kleinen Kartoffelnudeln miteinander vermischen. Gänsefett, Weißwein und Kreuzkümmel hinzufügen. Umrühren und mit Salz und Pfeffer abschmecken. Das Ganze in einen großen gusseisernen Schmortopf füllen.
- Den Schmortopf bei 180 °C in den Backofen schieben, den Deckel auflegen und das Ganze 30 bis 40 Minuten schmoren lassen, bis alles gut durchgezogen ist.

**FÜR** 6 Personen
**ZUBEREITUNGSZEIT:** 20 Minuten
**GARZEIT:** 40 Minuten

# DIE BULETTEN VON MEINER MAME

700 g Zwiebeln
125 ml Sonnenblumenöl plus etwas Speiseöl zum Braten
4 Scheiben Kümmelbrot
1 kg Rinderhackfleisch
2 Eier, verquirlt
Salz, Pfeffer

- Die Zwiebeln schälen und in Scheiben schneiden. In einer Pfanne in etwas Öl goldbraun braten. Abtropfen und abkühlen lassen.

- Inzwischen einen tiefen Teller mit Wasser füllen, darin das Brot einweichen. Leicht ausdrücken. In einer Schüssel mithilfe einer Gabel Rinderhack, eingeweichtes Brot, verquirlte Eier, ein Viertel der Zwiebeln und das Sonnenblumenöl vermengen, bis eine gleichmäßige Masse entstanden ist. Mit Salz und Pfeffer würzen.

- Einen Schuss Öl in einer Pfanne erhitzen. Die Hände mit etwas Öl einfetten und aus der Hackfleisch-Zwiebel-Masse kleine Bällchen formen. Diese in der Pfanne von allen Seiten anbraten, dann in einen Topf legen.

- Die restlichen gedünsteten Zwiebeln ebenfalls in den Topf geben und 200 ml Wasser angießen. Das Ganze aufkochen, dann die Temperatur reduzieren und den Deckel auflegen. Auf kleiner Flamme 15 bis 20 Minuten köcheln lassen, bis eine schöne Sauce entstanden ist.

*Wenn es einen im Leben einmal hart trifft, braucht man nur Mamas Buletten zu essen, und schon geht es einem wieder besser!*

**FÜR** 10 Personen
**ZUBEREITUNGSZEIT:** 30 Minuten
**GARZEIT:** 40 Minuten

# LAUCH-BRATLINGE

1,2 kg Lauch
3 EL Speiseöl
1 Ei
Salz, Pfeffer
100 g Matzemehl (Mehl aus ungesäuerten Broten, den sog. Matzen, das in diversen Onlineshops und im jüdischen Feinkostgeschäft erhältlich ist)
Saft von 1 Zitrone

- Den Lauch putzen, waschen und quer in feine Ringe schneiden.
- In einer Schwenkpfanne 1 Schuss Öl erhitzen. Den Lauch hineingeben und unter ständigem Rühren gut 20 Minuten dünsten. Den Lauch, sobald er gut durchgegart ist, abkühlen lassen.
- Den abgekühlten Lauch in eine Schüssel geben. Ei, Salz und Pfeffer zufügen, dann nach und nach das Matzemehl einrieseln lassen und unterrühren.
- Die Hände mit etwas Öl einfetten, eine kleine Portion Lauch-Mehl-Masse abteilen und daraus ein handflächengroßes Bällchen formen. Mit der übrigen Lauchmasse ebenso verfahren.
- In der Schwenkpfanne bei hoher Temperatur erneut etwas Öl erhitzen, bis es sehr heiß ist. Die Lauchbällchen flach drücken und in die Pfanne geben. Die Bratlinge von beiden Seiten je 3 bis 4 Minuten kross anbraten, bis sie schön goldbraun sind.
- Den Zitronensaft über die Bratlinge träufeln und sofort servieren.

**FÜR** 6 Personen
**ZUBEREITUNGSZEIT:** 40 Minuten
**GARZEIT:** 1 Stunde 40 Minuten

# KOHLROULADEN

1 großer Wirsingkohl
1 große Zwiebel
50 ml Sonnenblumenöl plus etwas Öl zum Braten
100 g Kümmelbrot, ohne Kruste und zerkrümelt
500 g Rinderhackfleisch (oder zur Hälfte vom Rind und zur Hälfte vom Huhn)
1 Ei
Salz, Pfeffer
3 kleine Tomaten
1 kleine Knoblauchzehe
25 g extrafeiner Zucker
40 g Rosinen

> *Ein sehr leckeres Gericht, das oft nicht die Wertschätzung bekommt, die es verdient!*

- Die großen Wirsingblätter vom Kohl lösen und die groben Rippen entfernen. Die Blätter abspülen, dann 5 Minuten in einen Topf mit kochendem Salzwasser geben. Anschließend sofort unter kaltem Wasser abschrecken, damit die Blätter ihre schöne grüne Farbe behalten. Den Strunk in feine Streifen schneiden. Diese kurz in einen Topf mit kochendem Salzwasser geben, herausnehmen und beiseitestellen.
- Die Zwiebel schälen und fein würfeln. In einer Pfanne in etwas Öl bei hoher Temperatur goldbraun dünsten. Ein Drittel der gedünsteten Zwiebeln für die Tomatensauce beiseitestellen. Das zerkrümelte Kümmelbrot in einer Schüssel mit kaltem Wasser einweichen, dann mit den Händen ausdrücken. Das Hackfleisch in eine Schüssel füllen; Ei, Salz und Pfeffer, gedünstete Zwiebeln, ausgedrückte Brotkrümel, den kleingeschnittenen Strunk und das Sonnenblumenöl hinzufügen. Alles miteinander vermengen und dabei schrittweise ¼ Liter Wasser zugeben. Aus der Hackmasse mit den Händen 6 gleich große Bällchen formen.
- Auf der Arbeitsfläche ein großes Kohlblatt ausbreiten, darauf seitenverkehrt ein zweites Kohlblatt legen. In der Blattmitte ein Hackfleischbällchen platzieren. Erst das obere, dann das untere Kohlblatt um das Hackbällchen wickeln, danach beide Enden einschlagen. Auf diese Weise 6 Kohlrouladen formen.
- Für die Tomatensauce 2 Tomaten waschen, fein würfeln und in einen Topf geben. Die restlichen gedünsteten Zwiebeln, die geschälte Knoblauchzehe sowie Salz und Pfeffer zufügen und alles zugedeckt 10 Minuten köcheln lassen. Den Backofen auf 180 °C vorheizen. Die letzte Tomate waschen und in Würfel schneiden. Die Kohlrouladen in eine mit Backpapier ausgekleidete feuerfeste Form legen. Die Tomatenwürfel auf den Rouladen verteilen. Mit dem Zucker und den Rosinen bestreuen. Etwas Wasser unten in die Form geben und die Kohlrouladen mit der Tomatensauce übergießen. Mit Salz und Pfeffer würzen. Im Backofen 30 Minuten garen. Dann die Form mit Alufolie abdecken und die Kohlrouladen weitere 30 bis 40 Minuten backen.

Riga Sprats
smoked
160g
70%
Sprats
fumés de Riga
dans l'huile
in oil

# FEIERTAGS

Traiteur Gastronomie
24 rue des Ecouffes
75004 Paris
Florence

# GERICHTE

*Zu Chanukka isst man Sufganijot (süße, mit Marmelade gefüllte Krapfen), Latkes (kleine knusprige Kartoffelpuffer) und andere in Öl frittierte Speisen.*

happy
hanouka

**FÜR** 6 Personen
**ZUBEREITUNGSZEIT:** 45 Minuten
**GARZEIT:** 1 Stunde 15 Minuten

# MATZEN-GEMÜSE-LASAGNE FÜR DAS PESSACH-FEST

Für eine quadratische Auflaufform mit 25 cm Seitenlänge

450 g gemischtes Gemüse (Erbsen, Kartoffeln, Zucchini, Auberginen etc.)
2 EL Olivenöl
1 Zwiebel
200 g Konditorsahne (oder Schlagsahne extra)
4 Eier plus 2 Eiweiß
10 g Salz
5 g Pfeffer
100 g geriebener Emmentaler
einige quadratische Matzen (Menge nach Bedarf, je nach Größe der Auflaufform)

” *Dieses Rezept habe ich mir letztes Jahr ausgedacht, um die Feiertagsküche ein wenig aufzupeppen. Inspiriert hat mich dabei ein Nachmittagsimbiss, der zum Pessach-Fest serviert wird – Millefeuille mit Matzen und Schokolade – woraus ich eine herzhafte Lasagne-Version gemacht habe. Sie lässt sich kinderleicht zubereiten und man kann das Rezept beliebig abwandeln. Lassen Sie Ihrer Fantasie einfach freien Lauf!*

- Das Gemüse waschen und putzen bzw. schälen, danach in Würfel schneiden. Jede Gemüsesorte separat in einer Pfanne in 1 Esslöffel Olivenöl goldbraun andünsten.

- Die Zwiebel schälen, in dünne Scheiben schneiden und diese in 1 Esslöffel Olivenöl anbraten, bis sie schön goldbraun sind. Danach die Zwiebelscheiben mithilfe einer Küchenschere klein schneiden. Sämtliches Gemüse in einem Sieb abtropfen lassen und in einer Schüssel miteinander vermengen. Sahne, die 4 Eier, Salz, Pfeffer und geriebenen Käse zufügen. Alles gut miteinander verrühren.

- Den Backofen auf 180 °C vorheizen. Das Eiweiß mit einer Gabel aufschlagen, dann in einen tiefen Teller gießen. Eine Matze in das aufgeschlagene Eiweiß tauchen und dann in die mit Backpapier ausgekleidete Auflaufform legen.

- Eine dicke Schicht Gemüse darüber verteilen, diese dann mit einer weiteren in Eiweiß getauchten Matze belegen. So weitermachen, bis das ganze Gemüse aufgebraucht ist. Obenauf mit einer letzten Matze abschließen, ohne sie zuvor ins Eiweiß zu tauchen. Die Auflaufform mit Alufolie abdecken.

- Die Matzen-Lasagne in den Backofen schieben und bei 180 °C 30 Minuten garen. Dann die Alufolie entfernen und die Lasage weitere 20 Minuten im Ofen backen.

**FÜR** 6 Personen
**ZUBEREITUNGSZEIT:** 20 Minuten
**GARZEIT:** 1 Stunde

# MATZEN-SPINAT-LASAGNE FÜR DAS PESSACH-FEST

Für eine quadratische Auflaufform mit 25 cm Seitenlänge

- 500 g Spinatblätter
- 200 g Konditorsahne
- 4 Eier plus 2 Eiweiß
- 10 g Salz
- 5 g Pfeffer
- 100 g geriebener Emmentaler
- einige quadratische Matzen (Menge nach Bedarf, je nach Größe der Auflaufform)

- Die Spinatblätter etwa 10 Minuten dünsten.
- Den gedünsteten Spinat in einer Schüssel mit der Sahne, den 4 Eiern, Salz, Pfeffer und dem geriebenen Käse vermengen. Das Eiweiß mit einer Gabel aufschlagen, dann in einen tiefen Teller gießen.
- Den Backofen auf 180 °C vorheizen.
- Eine Matze in das aufgeschlagene Eiweiß tauchen und dann in die mit Backpapier ausgekleidete Auflaufform legen. Eine dicke Schicht Spinat darüber verteilen, diese dann mit einer weiteren in Eiweiß getauchten Matze belegen. So weitermachen, bis der gesamte Spinat aufgebraucht ist. Obenauf mit einer letzten Matze abschließen, ohne diese zuvor ins Eiweiß zu tauchen. Die Auflaufform mit Alufolie abdecken.
- Die Matzen-Lasagne in den Backofen schieben und bei 180 °C 30 Minuten garen. Dann die Alufolie entfernen und die Lasagne weitere 20 Minuten im Ofen backen.

*Wenn Sie mögen, können Sie auch einfach frischen Ziegen- oder Schafskäse zerbröseln und unter den Spinat mischen.* ”

**FÜR** 8 Personen
**ZUBEREITUNGSZEIT:** 30 Minuten
**RUHEZEIT:** 30 Minuten
**BACKZEIT:** 30 Minuten

# HAMANTASCHEN

Für den Teig

- 225 g zimmerwarme Margarine oder Butter
- 250 g Zucker
- 3 Eier
- einige Tropfen Vanilleextrakt
- 1 Prise Salz
- 600 g Mehl plus etwas Mehl für die Arbeitsfläche
- 1 Tütchen Backpulver (10 g)

Für die Füllung

- 100 g Trockenpflaumen, entsteint
- 100 g Datteln, entsteint
- 100 g getrocknete Feigen
- 40 g Walnüsse
- 6 EL Honig

- Den Backofen auf 160 °C vorheizen. Die weiche Margarine zusammen mit dem Zucker in einer Schüssel 3 Minuten aufschlagen. Unter ständigem Rühren nacheinander die Eier einarbeiten. Vanilleextrakt und Salz hinzufügen und erneut umrühren.

- Schrittweise das Mehl und das Backpulver untermengen und dabei ausgiebig mit einem Kochlöffel rühren, um alle Klumpen zu entfernen. Die Teigkugel in Frischhaltefolie wickeln und mindestens 30 Minuten im Kühlschrank ruhen lassen.

- Den Teig auf der bemehlten Arbeitsfläche mit einem Nudelholz etwa 3 mm dick ausrollen. Mit einer Ausstechform oder einer kleinen umgedrehten Schale Teigkreise von etwa 8 cm Durchmesser ausstechen. Diese auf ein mit Backpapier ausgelegtes Backblech legen und anschließend an einem kühlen Ort aufbewahren.

- Die Füllung zubereiten. Dazu Trockenpflaumen, Datteln, Feigen, Walnüsse und Honig in den Mixbehälter der Küchenmaschine füllen und kurz den Intervallschalter betätigen, bis eine stückige Masse entstanden ist.

- Auf jeden Teigkreis eine walnussgroße Portion Füllung geben. Daraus kleine dreieckige, offene Teigtaschen formen, indem die runden Ränder zur Mitte hin eingeklappt werden. Die Hamantaschen im Backofen bei 160 °C 30 Minuten goldbraun backen.

*Zum Purim-Fest verkleiden sich die Kinder. Die beliebten Hamantaschen, die die Ohren der biblischen Figur Haman darstellen sollen, dürfen dabei nicht fehlen!*

# BAGELS & HERZHAFT

# ANDERES
# ES GEBÄCK

ISSERIE — BOULANGERIE

Florence
Kahn

Florence
Kahn
Paris

Florence
Kahn
Paris

**FÜR** etwa 10 Bagels
**ZUBEREITUNGSZEIT:** 50 Minuten
**BACKZEIT:** 22 Minuten

# BAGELS

Für den Teig
1 kg Mehl
100 g Zucker
20 g Salz
100 ml Sonnenblumenöl
2 Eier
35 ml Wasser
40 g frische Hefe, zerbröckelt

Für die Garnitur
2 Eier, verquirlt
Garnitur Ihrer Wahl: Mohn, Sesam, Kümmel, Salbei, Zwiebeln, Rosmarin etc.

*Nichts geht über einen echten Bagel aus unserem Laden! Wenn Sie erst einmal einen gekostet haben, wollen Sie garantiert mehr davon! Er gehört zu den Verkaufsschlagern bei uns und ist in verschiedenen Sorten erhältlich: Mohn, Sesam, Zwiebel, Kümmel …*

- Den Backofen auf 190 °C vorheizen.
- Alle Zutaten für den Teig, bis auf die Hefe, in den Mixbehälter der Küchenmaschine geben und mit dem Knethaken 5 Minuten auf Geschwindigkeitsstufe 1 rühren. In der 5. Minute die zerbröckelte Hefe hinzufügen, dann auf Geschwindigkeitsstufe 2 stellen und 7 Minuten weiterkneten.
- Die Teigkugel in gleich große Teiglinge von je etwa 70 Gramm teilen.
- Aus den Teiglingen etwa 25 Zentimeter lange Rollen formen.
- Jeweils zwei Rollen miteinander verflechten und daraus einen Ring formen.
- Mit den übrigen Bagels ebenso verfahren. Danach die Oberseite der Bagels mit den verquirlten Eiern einpinseln und in den Belag Ihrer Wahl tauchen: Mohn, Sesam, Kümmel, Salbei, Zwiebeln, Rosmarin etc.
- Die Bagels auf einem mit Backpapier ausgelegten Backblech verteilen. In den Backofen schieben und bei 190 °C 22 Minuten backen.

Florence
Kahn
Paris

**FÜR** 10 Personen
**ZUBEREITUNGSZEIT:** 25 Minuten
**BACKZEIT:** 30 Minuten

# BLINI

## *(KLEINE RUSSISCHE PFANNKUCHEN)*

3 Eier
500 g Mehl
70 g Milchpulver
10 g Salz
25 g Zucker
30 ml Sonnenblumenöl
25 g Backhefe

*Traditionell werden Blini mit Sauerrahm und Räucherlachs oder mit Tarama und Lachskaviar serviert. Für süße Schleckermäuler kann man sie auch einfach nur mit Zucker bestreuen.*

- Eiweiß und Eigelb trennen. Mehl, Milchpulver, Salz, Zucker, Eigelb, Sonnenblumenöl und Hefe in die Rührschüssel einer Küchenmaschine füllen.
- Nach und nach etwa 700 Milliliter lauwarmes Wasser einrühren, bis die Masse die Konsistenz eines Crêpeteigs hat.
- Das Eiweiß mithilfe eines elektrischen Handrührgeräts zu festem Eischnee schlagen. Den Eischnee mit einem Küchenspatel vorsichtig unter den Teig heben.
- Den Teig einige Minuten gehen lassen. Kleine, leicht eingefettete Blini-Pfannen erhitzen.
- Je eine Kelle Teig in die Pfanne geben und ihn dabei gleichmäßig über die ganze Fläche verteilen.
- Dank der Hefe werfen die Blini an der Oberfläche kleine Bläschen. Sobald diese platzen und sich nicht wieder schließen, wird es Zeit, die Blini zu wenden und auf der anderen Seite fertig zu backen.

**FÜR** 10 Pletzl
**ZUBEREITUNGSZEIT:** 30 Minuten
**RUHEZEIT:** 2 Stunden
**BACKZEIT:** 25 Minuten

# ZWIEBEL-PLETZL

## *(ZWIEBELBRÖTCHEN)*

- 1 Portion Bagelteig (siehe Rezept auf Seite 88)
- 3 kg Zwiebeln
- 100 g Mohnsamen
- etwas Speiseöl für das Backblech
- etwas Mehl für das Backblech

> *Im Englischen wird das jüdische Viertel* Pletzl *genannt.*

- Den Bagelteig zubereiten.
- Daraus 10 gleich große Teiglinge formen.
- Die Teigkugeln mit einem Nudelholz so ausrollen, dass flache, runde Kreise entstehen.
- Diese Teigkreise bei Zimmertemperatur 2 Stunden gehen lassen. Den Backofen auf 190 °C vorheizen.
- Die Zwiebeln schälen und in Würfel schneiden. In einer Schüssel Zwiebelwürfel und Mohnsamen miteinander vermengen. Den Mix auf den aufgegangenen Teigkreisen verteilen und mit den Händen andrücken, damit alles gut an dem Teig haftet.
- Die Zwiebel-Pletzl mit einem Nudelholz leicht flach drücken. Die Pletzl auf einem eingefetteten und bemehlten Backblech verteilen.
- Bei 190 °C 20 bis 25 Minuten im Backofen backen.

Kahn
Paris

# SÜSSE LE

# CKEREIEN

**FÜR** 8 Personen
**ZUBEREITUNGSZEIT:** 25 Minuten
**BACKZEIT:** 9 Minuten

# MINI-SCHOKO-KI`HELE`H

500 g Mehl
1 ½ TL Backpulver
1 ½ TL Salz
1 ½ TL gemahlene Vanille
350 g weiche Butter
3 Eier
350 g Mini-Schokostückchen

> *Diese kleinen Schokokekse isst man am Sabbat.*

- Den Backofen auf 175 °C vorheizen.
- Alle Zutaten (bis auf die Schokostückchen) in einer Schüssel mit einem Löffel vermischen, bis ein homogener Teig entstanden ist.
- Anschließend die Schokostückchen hineingeben und mit einer Gabel vorsichtig unterziehen, damit sie nicht zerdrückt werden.
- Den Teig in einen Spritzbeutel ohne Tülle füllen. Kleine Teigportionen mit ausreichend Abstand zueinander auf ein mit Backpapier ausgelegtes Backblech spritzen.
- Die Mini-Schokokekse bei 175 °C 9 Minuten im Backofen backen.

**FÜR** 30 Makronen
**ZUBEREITUNGSZEIT:** 30 Minuten eine Woche vorher und 30 Minuten am Backtag
**BACKZEIT:** 10 bis 12 Minuten

# MANDEL-MAKRONEN

500 g Mandeln, gehäutet
50 g unbehandelte Zitrone (vorzugsweise in Bio-Qualität)
450 g Zucker
3 Eiweiß

*Diese traditionellen Makronen werden auf der Basis von geschälten, blanchierten Mandeln zubereitet. Der Mandelteig muss im Voraus angerührt werden, damit er nicht „schäumt". Außerdem haben die Mandeln so Zeit, ihr volles Aroma zu entfalten.*

- Den Mandelteig mindestens eine Woche vor dem Backen anrühren. Dazu die Mandeln mit einem Stößel zermahlen. Die Zitrone im Ganzen, mitsamt der Schale, im Mixer zerkleinern.
- In einer Schüssel die gemahlenen Mandeln, den Zucker und die Zitronenmasse mit einer Gabel vermengen. Nacheinander 2 Eiweiße unterschlagen. Alles gut verrühren, dann die fertige Mandelmasse mindestens 1 Woche an einem kühlen Ort ruhen lassen.
- Am Backtag den Backofen auf 190 °C vorheizen.
- Von der Mandelmasse eine kleine Portion abteilen und ein wenig Eiweiß unterrühren, um den Teig aufzulockern – er sollte aber immer noch schön fest sein. Die Mandelmasse in einen Spritzbeutel mit Sterntülle füllen.
- Die Mandelmakronen auf ein Blatt Backpapier spritzen. Den Vorgang so lange fortsetzen, bis kein Teig mehr übrig ist.
- Die Makronen 10 bis 12 Minuten im Backofen backen, bis sie schön goldbraun sind.

*Wer mag, kann seine Makronen mit kandierten Kirschen verzieren.*

**FÜR** 6 bis 8 Hörnchen
**ZUBEREITUNGSZEIT:** 30 Minuten eine Woche vorher und 30 Minuten am Backtag
**BACKZEIT:** 10 bis 12 Minuten

# MANDEL-HÖRNCHEN

Für den Mandelteig
**500 g Mandeln, gehäutet**
**50 g unbehandelte Zitrone (vorzugsweise in Bio-Qualität)**
**450 g Zucker**
**3 Eiweiß**

Für die Garnitur
**200 g gehobelte Mandeln**
**3 bis 4 kandierte Kirschen**

> *Diese Hörnchen sind unglaublich knusprig. Einige meiner Kunden sind regelrecht süchtig danach!*

- Den Mandelteig mindestens eine Woche vor dem Backen anrühren. Dazu die Mandeln mit einem Stößel zermahlen. Die Zitrone im Ganzen, mitsamt der Schale, im Mixer zerkleinern.
- In einer Schüssel die gemahlenen Mandeln, den Zucker und die Zitronenmasse mit einer Gabel vermengen. Nacheinander 2 Eiweiße unterschlagen. Alles gut verrühren, dann die fertige Mandelmasse mindestens 1 Woche an einem kühlen Ort ruhen lassen.
- Am Backtag den Backofen auf 190 °C vorheizen.
- Von der Mandelmasse eine kleine Portion abteilen und ein wenig Eiweiß unterrühren, um den Teig ein wenig aufzulockern – er sollte aber immer noch schön fest sein. Die abgeteilte Portion zu einer Rolle formen und diese in den gehobelten Mandeln wälzen. Dabei darauf achten, dass sowohl die Ober- als auch die Unterseite mit Mandeln bedeckt ist, was dem Hörnchen seine herrlich knackige Note verleiht. Aus der Mandelrolle ein Hufeisen formen. Das Mandelhörnchen in der Mitte mit ½ kandierten Kirsche garnieren.
- Mit den übrigen Mandelhörnchen ebenso verfahren, bis der gesamte Teig aufgebraucht ist. Die Hörnchen auf einem mit Backpapier ausgelegten Backblech verteilen.
- Im Backofen bei 190 °C 10 bis 12 Minuten backen, bis die Mandelhörnchen schön goldbraun sind.

**FÜR** 6 bis 8 Hörnchen
**ZUBEREITUNGSZEIT:** 30 Minuten eine Woche vorher und 30 Minuten am Backtag
**BACKZEIT:** 10 bis 12 Minuten

# PISTAZIEN-HÖRNCHEN

Für den Pistazienteig

**500 g ganze grüne Pistazienkerne von sehr guter Qualität (Herkunftsland: Iran)**
**50 g unbehandelte Zitrone (vorzugsweise in Bio-Qualität)**
**450 g Zucker**
**3 Eiweiß**

Für die Garnitur

**200 g grüne Pistazienkerne**
**3 bis 4 kandierte Kirschen**

> *Das hier ist die Luxusvariante des Mandelhörnchens!*

- Den Pistazienteig mindestens eine Woche vor dem Backen anrühren. Dazu die Pistazienkerne mit einem Stößel zermahlen. Die Zitrone im Ganzen, mitsamt der Schale, im Mixer zerkleinern.
- In einer Schüssel die Pistazienkerne, den Zucker und die Zitronenmasse mit einer Gabel vermengen. Nacheinander 2 Eiweiße unterschlagen. Alles gut verrühren, dann die fertige Pistazienmasse 1 Woche an einem kühlen Ort ruhen lassen.
- Am Backtag den Backofen auf 190 °C vorheizen.
- Von der Pistazienmasse eine kleine Portion abteilen und ein wenig Eiweiß unterrühren, um den Teig ein wenig aufzulockern – er sollte aber immer noch schön fest sein. Die abgeteilte Portion zu einer Rolle formen. Die Pistazienkerne für die Garnitur mit einem kleinen Messer fein hacken und darin die Rolle wälzen. Dabei darauf achten, dass sowohl die Ober- als auch die Unterseite des Hörnchens mit Pistazien bedeckt ist. Aus der Pistazienrolle ein Hufeisen formen.
- Mit den übrigen Pistazienhörnchen ebenso verfahren, bis der gesamte Teig aufgebraucht ist. Die Hörnchen auf einem mit Backpapier ausgelegten Backblech verteilen.
- Im Backofen bei 190 °C 10 bis 12 Minuten backen, bis die Hörnchen schön goldbraun sind.

**FÜR** 10 Personen
**ZUBEREITUNGSZEIT:** 20 Minuten
**BACKZEIT:** 15 Minuten

# MASELNUSS-PLÄTZCHEN

500 g Mehl
800 g Zucker
700 g weiche Butter oder Margarine
500 g Haselnüsse

*„Maselnuss" ist ein Wortspiel, das sich aus „Masel", dem jiddischen Wort für Glück, und „Haselnuss" zusammensetzt. Ähnlich wie die chinesischen Glückskekse übermitteln auch diese Plätzchen einen guten Wunsch.*

- Den Backofengrill vorheizen.
- Den Teig zubereiten. Dazu Mehl, Zucker und Butter gut miteinander verrühren.
- Die Haselnüsse auf einem Backblech verteilen. Unter dem Backofengrill goldbraun rösten. Abkühlen lassen, danach unter den Teig mischen.
- Den Backofen auf 180 °C vorheizen.
- Mit einem Nudelholz den Teig ausrollen. Mithilfe einer Ausstechform kleine Teigkreise ausstechen.
- Die Maselnuss-Plätzchen auf ein mit Backpapier ausgelegtes Backblech legen. In den Ofen schieben und bei 180 °C 10 Minuten backen.

**FÜR** 12 Personen
**ZUBEREITUNGSZEIT:** 30 Minuten
**BACKZEIT:** 1 Stunde

# CHEESECAKE MIT PISTAZIEN

Für eine Backform von 20 x 20 cm Größe und 5 bis 6 cm Seitenhöhe

Für den Quarkteig
1 kg Quark
3 Eier
120 g Zucker
1 Prise Salz
einige Tropfen Vanilleextrakt
90 g Mehl oder Kartoffelstärke

Für die Pistazienmasse
900 g weiche Butter
10 Eier
800 g Zucker
1 kg gemahlene Pistazien
100 g Kartoffelstärke
200 g grüne Pistazienkerne, geröstet
etwas Speiseöl für die Form

*„Von meinen Cheesecakes können sie nicht genug kriegen! Wie bei den Mandelhörnchen sind viele meiner Kunden richtig süchtig danach. Aber sie schmecken ja auch wirklich köstlich!*

- Den Backofen auf 160 °C vorheizen.
- Den Quarkteig zubereiten. Dazu in einer Schüssel den Quark mit den Eiern aufschlagen. Zucker, Salz und Vanilleextrakt zugeben und alles miteinander verrühren. Das Mehl hinzufügen und vorsichtig untermengen.
- Die Pistazienmasse zubereiten. Dazu die weiche Butter in kleine Stücke schneiden. In einer Schüssel Eier und Zucker mit einem Schneebesen aufschlagen, bis die Masse weiß wird. Nach und nach unter kräftigem Rühren die weiche Butter einarbeiten. Die gemahlenen Pistazien und die Kartoffelstärke zugeben. Gut umrühren, damit keine Klumpen entstehen.
- Die Backform einfetten, darin die Pistazienmasse verteilen. Den Quarkteig darübergeben und glatt streichen. Mit den zuvor unter dem Backofengrill gerösteten Pistazienkernen bestreuen.
- Den Cheesecake bei 160 °C 1 Stunde im Backofen backen.

**FÜR** 12 Personen
**ZUBEREITUNGSZEIT:** 30 Minuten
**BACKZEIT:** 1 Stunde

# CHEESECAKE MIT SAUERKIRSCHEN

Für eine Backform von 20 x 20 cm Größe und 5 bis 6 cm Seitenhöhe

Für den Quarkteig
1 kg Quark
3 Eier
120 g Zucker
1 Prise Salz
einige Tropfen Vanilleextrakt
90 g Mehl oder Kartoffelstärke

200 g Sauerkirschen

- Den Backofen auf 160 °C vorheizen.
- Den Quarkteig zubereiten. Dazu in einer Schüssel den Quark mit den Eiern aufschlagen. Zucker, Salz und Vanilleextrakt zugeben und alles miteinander verrühren. Das Mehl hinzufügen und vorsichtig untermengen.
- Den Quarkteig in der Backform so verstreichen, dass nach oben ein Rand von 1 cm frei bleibt.
- Die Quarkmasse mit den Sauerkirschen belegen.
- Den Cheesecake bei 160 °C etwa 1 Stunde im Backofen backen.
- Abkühlen lassen und dann aus der Form nehmen.

*Wenn Sie den Cheesecake ein paar Tage aufbewahren möchten, dann halten Sie ihn am besten auf Zimmertemperatur.*

**FÜR** 12 Personen
**ZUBEREITUNGSZEIT:** 30 Minuten
**BACKZEIT:** 1 Stunde

# CHEESECAKE MIT HEIDELBEEREN

Für eine Backform von 20 x 20 cm Größe und 5 bis 6 cm Seitenhöhe

Für den Quarkteig
1 kg Quark
3 Eier
120 g Zucker
1 Prise Salz
einige Tropfen Vanilleextrakt
90 g Mehl oder Kartoffelstärke

200 g Heidelbeeren

- Den Backofen auf 160 °C vorheizen.
- Den Quarkteig zubereiten. Dazu in einer Schüssel den Quark mit den Eiern aufschlagen. Zucker, Salz und Vanilleextrakt zugeben und alles miteinander verrühren. Das Mehl hinzufügen und vorsichtig untermengen.
- Den Quarkteig in der Backform so verstreichen, dass nach oben ein Rand von 1 cm frei bleibt.
- Die Heidelbeeren auf der Quarkmasse verteilen.
- Den Cheesecake bei 160 °C etwa 1 Stunde im Backofen backen.
- Abkühlen lassen und dann aus der Form nehmen.

**FÜR** 12 Personen
**ZUBEREITUNGSZEIT:** 30 Minuten
**BACKZEIT:** 1 Stunde

# CHEESECAKE MIT HIMBEEREN

Für eine Backform von
20 x 20 cm Größe und
5 bis 6 cm Seitenhöhe

Für den Quarkteig
1 kg Quark
3 Eier
120 g Zucker
1 Prise Salz
einige Tropfen Vanilleextrakt
90 g Mehl oder Kartoffelstärke

200 g Himbeeren

- Den Backofen auf 160 °C vorheizen.
- Den Quarkteig zubereiten. Dazu in einer Schüssel den Quark mit den Eiern aufschlagen. Zucker, Salz und Vanilleextrakt zugeben und alles miteinander verrühren. Das Mehl hinzufügen und vorsichtig untermengen.
- Die Quarkmasse in der Backform so verstreichen, dass nach oben ein Rand von 1 cm frei bleibt.
- Die Himbeeren darübergeben.
- Den Cheesecake bei 160 °C etwa 1 Stunde im Backofen backen.
- Abkühlen lassen und dann aus der Form nehmen.

**FÜR** 12 Personen
**ZUBEREITUNGSZEIT:** 30 Minuten
**BACKZEIT:** 1 Stunde

# CHEESECAKE MIT MOHN

Für eine Backform von 20 x 20 cm Größe und 5 bis 6 cm Seitenhöhe

1 Portion Quarkteig (siehe Rezept auf Seite 106)

Für die Mohnfüllung
500 g Mohnsamen
¼ unbehandelte Zitrone (vorzugsweise in Bio-Qualität)
450 g Zucker
300 g in Sirup eingelegte Aprikosenhälften, abgetropft
300 g Aprikosenkonfitüre
1 Prise gemahlener Zimt
1 Prise gemahlene Vanille
70 g Rosinen

> *Die Mohnmasse eignet sich bestens für dieses Cheesecake-Rezept, aber auch andere Kuchensorten lassen sich wunderbar damit füllen: Biskuitrollen, Strudel, kleine Tartelettes oder auch die Hamantaschen für das Purim-Fest.*

- Die Füllung zubereiten. Dazu die Mohnsamen im Mixer fein mahlen. Die Zitrone mitsamt der Schale ebenfalls im Mixer zerkleinern.
- Zucker, abgetropfte Aprikosenhälften, Konfitüre, Zimt, Vanille und die zerkleinerte Zitrone in die Rührschüssel einer Küchenmaschine füllen und durchmixen.
- Erneut mixen, falls der Zucker sich noch nicht aufgelöst hat. Die Masse sollte eine flüssige Konsistenz haben. Zuerst die Mohnsamen, dann die Rosinen hineingeben und mit einem Löffel vorsichtig untermengen.
- Die Mohnmasse mindestens 1 Nacht im Kühlschrank ruhen lassen.
- Am Backtag den Backofen auf 160 °C vorheizen.
- Die Mohnfüllung in der Backform 1 cm dick verstreichen. Sehr vorsichtig den Quarkteig darüber verteilen und glatt streichen. Dabei nach oben einen Rand von 1 cm frei lassen.
- Den Cheesecake bei 160 °C etwa 1 Stunde im Backofen backen. Abkühlen lassen und dann aus der Form nehmen.

**FÜR** 8 Personen
**ZUBEREITUNGSZEIT:** 1 Stunde
**RUHEZEIT:** mindestens 1 Stunde
**BACKZEIT:** etwa 1 Stunde 10 Minuten

# APRIKOSENSTRUDEL MIT MANDELN UND PISTAZIEN

1 Portion Strudelteig (siehe Rezept auf Seite 128)

Für die Füllung
1 Apfel
150 g in Sirup eingelegte Aprikosen
30 g gehobelte Mandeln
20 g ganze grüne Pistazienkerne
60 g Zucker
50 g Paniermehl aus zerbröseltem Zwieback

Zum Bestreichen
1 Ei, verquirlt

> *Ein Dessert, das Ihre Geschmacksnerven wachkitzeln wird! Aber bitte achten Sie darauf, die Aprikosen nicht zu lange im Ofen zu backen, damit sie hinterher nicht sauer schmecken.*

- Den Strudelteig zubereiten und anschließend im Kühlschrank aufbewahren. Die Füllung vorbereiten. Dazu den Apfel schälen und in Würfel schneiden. Die Aprikosen in einem Sieb gründlich abtropfen lassen. Die gehobelten Mandeln auf einem Backblech ausbreiten, dann unter dem Backofengrill goldbraun rösten. Einige geröstete Mandelblättchen für die Garnitur aufheben. Danach die Pistazien auf dem Backblech verteilen und unter dem Backofengrill goldbraun backen. Anschließend die Pistazien mithilfe eines kleinen Messers grob hacken. Einige gehackte Pistazien für die Garnitur beiseitestellen.

- In einer Schüssel die Aprikosen mit dem Apfel, dem Zucker und dem Paniermehl vermischen. Mit einer Gabel vorsichtig die gerösteten Mandelblättchen und die grob gehackten Pistazien untermengen.

- Den Backofen auf 180 °C vorheizen. Den Strudelteig aus dem Kühlschrank nehmen und wie im Grundrezept beschrieben (siehe Seite 128) ausrollen. Die Aprikosen-Apfel-Masse auf dem ausgerollten Teig verteilen und dabei einen Rand von 2 cm frei lassen. Teig und Füllung mithilfe eines Geschirrtuches vorsichtig einrollen, denn der Teig ist sehr empfindlich und bricht leicht. Den Aprikosenstrudel behutsam auf ein mit Backpapier ausgelegtes Backblech legen.

- Die Strudeloberseite mit dem verquirlten Ei einpinseln. Die restlichen Mandelblättchen und Pistazienstückchen darüberstreuen. Den Strudel in den Backofen schieben und bei 180 °C 45 Minuten backen.

**FÜR** 8 Personen
**ZUBEREITUNGSZEIT:** 1 Stunde
**BACKZEIT:** 45 Minuten

# STRUDEL MIT ROTEN FRÜCHTEN

1 Portion Strudelteig (siehe Rezept auf Seite 128)

Für die Füllung
- 1 Apfel
- 100 g Sauerkirschen
- 50 g Heidelbeeren
- 50 g Himbeeren
- 20 g unbehandelte Zitrone (vorzugsweise in Bio-Qualität)
- 50 g Paniermehl aus zerbröseltem Zwieback
- 60 g Zucker

Zum Bestreichen
- 1 Ei, verquirlt

- Den Strudelteig zubereiten und anschließend im Kühlschrank aufbewahren.
- Die Füllung vorbereiten. Dazu das Obst waschen. Den Apfel schälen und in Würfel schneiden. Die Sauerkirschen entsteinen. Die Zitrone mitsamt der Schale im Mixer zerkleinern. In einer Schüssel mithilfe einer Gabel vorsichtig alle Früchte mit dem Paniermehl und dem Zucker vermengen.
- Den Strudelteig aus dem Kühlschrank nehmen und wie im Grundrezept beschrieben (siehe Seite 128) ausrollen. Den Obstmix auf dem ausgerollten Teig verteilen und dabei einen Rand von 2 cm frei lassen. Teig und Füllung mithilfe eines Geschirrtuches vorsichtig einrollen, denn der Teig ist sehr empfindlich und bricht leicht. Den Rote-Früchte-Strudel behutsam auf ein mit Backpapier ausgelegtes Backblech legen.
- Die Strudeloberseite mit dem verquirlten Ei einpinseln.
- Den Strudel in den Backofen schieben und bei 180 °C 45 Minuten backen.

**FÜR** 8 Personen
**ZUBEREITUNGSZEIT:** 20 Minuten
**BACKZEIT:** 1 Stunde 30 Minuten

# WARDAS HONEK-LEKE'H-KUCHEN

## *(HONIGKUCHEN)*

250 g extrafeiner Zucker
3 Eier
500 g Honig
1 Tütchen Backpulver (10 g)
1 TL Speisenatron
1 EL weißer Essig (zum Beträufeln des Natrons)
115 ml Speiseöl
125 ml schwarzer Kaffee
450 g Mehl

*„Dieses Honigkuchen-Rezept stammt von meiner Freundin Warda. Sie hat es als Hochzeitsgeschenk von ihrer Cousine Miry Winer bekommen, die sie in gutem Gedenken behält und die mittlerweile in einer religiösen Gemeinschaft in Bnei-Berak in Israel lebt. Ich habe die Ehre, dieses Rezept heute an Sie weitergeben zu dürfen.*

- Den Backofen auf 150 °C vorheizen.
- Folgende Zutaten in den Mixbehälter einer Küchenmaschine füllen (in exakt dieser Reihenfolge!): Zucker, Eier, Honig, Backpulver, Natron und zuletzt den weißen Essig.
- Dann unter Rühren das Öl, den Kaffee und das Mehl einarbeiten.
- Den Teig in eine Kastenform gießen. Die Teigmasse sollte etwa drei Viertel der Form füllen.
- Den Honigkuchen bei 150 °C 1 Stunde 30 Minuten im Backofen backen.

**FÜR** 6 Personen
**ZUBEREITUNGSZEIT:** 20 Minuten
**BACKZEIT:** 45 Minuten

# GLUTENFREIE SCHOKOSCHNITTEN MIT PISTAZIEN

60 g Pistazien
45 g Bitterschokolade
150 g Margarine
120 g brauner Zucker
3 Eier
1 Prise Salz
60 g gemahlene Haselnüsse
100 g Reismehl
2 TL Backpulver
1 Stückchen Butter für die Form

*Diese Nachspeise habe ich kreiert, um der großen Nachfrage nach glutenfreien Desserts Rechnung zu tragen. Grob gehackte Macadamianüsse (süß oder gesalzen, im Ofen geröstet und gut abgekühlt) schmecken ebenfalls köstlich dazu. Und wer mag, kann auch gerne Rosinen, Preiselbeeren oder Sonnenblumenkerne in den Teig geben.*

- Den Backofen auf 180 °C vorheizen.
- Die Pistazien mit einem kleinen, spitzen Messer grob hacken. Die Schokolade mithilfe einer Reibe mit großen Löchern raspeln.
- Margarine und Zucker unter ständigem Rühren in einem Topf zerlassen.
- Eiweiß und Eigelb trennen.
- In einer Schüssel das Eiweiß mit einem elektrischen Handrührgerät zusammen mit der Prise Salz zu Schnee schlagen und beiseitestellen.
- In einer Schüssel das Eigelb langsam mit einem Küchenspatel aufschlagen, dann gemahlene Haselnüsse, grob gehackte Pistazien, Schokoraspel, Reismehl und Backpulver untermischen. Alles gut miteinander verrühren. Den Eischnee mit einem Küchenspatel vorsichtig unter den Teig heben.
- Die Backform einfetten und den Teig hineinfüllen. Den Schoko-Pistazien-Kuchen bei 180 °C etwa 45 Minuten im Backofen backen und anschließend in Schnitten schneiden.

**FÜR** 6 Personen
**ZUBEREITUNGSZEIT:** 20 Minuten
**BACKZEIT:** 20 Minuten

# GLUTENFREIE SCHOKO-SCHNITTEN

## *(DIE EINFACHE, ABER EBENFALLS SEHR LECKERE VARIANTE!)*

3 Eier
125 g Bitterschokolade
110 g Butter oder Margarine
100 g Zucker
2 gestrichene EL Maisstärke
1 Prise Salz
1 Stückchen Butter für die Form

- Den Backofen auf 180 °C vorheizen.
- Eiweiß und Eigelb trennen. Die Schokolade und die Butter in Stücke schneiden.
- Eine hitzebeständige Schüssel auf einen Topf mit siedendem Wasser setzen und darin die Schokolade und die Butter zum Schmelzen bringen. Den Zucker hinzufügen und mit einem Schneebesen so lange rühren, bis der Zucker sich gelöst hat. Die Maisstärke untermengen.
- Die Schüssel aus dem Wasserbad nehmen. Die Masse noch einmal gut umrühren, dann auf Zimmertemperatur abkühlen lassen. Die Eigelb zugeben und gründlich verrühren.
- In einer Schüssel das Eiweiß mit einem elektrischen Handrührgerät zusammen mit der Prise Salz zu Schnee schlagen. Den Eischnee zur Schokomasse geben und mit einem Küchenspatel vorsichtig unterheben.
- Die Backform einfetten und den Teig hineingeben.
- Den Schokokuchen bei 180 °C etwa 20 Minuten im Backofen backen und anschließend in Schnitten schneiden.

**FÜR** 6 Personen
**ZUBEREITUNGSZEIT:** 20 Minuten
**BACKZEIT:** 12 bis 35 Minuten
(je nach Größe der Backform)

# APFELKUCHEN

200 g Mehl
200 g Puderzucker
4 Eier
5 g Backpulver
160 g zimmerwarme Margarine
350 g Äpfel der Sorte Royal Gala oder Golden Delicious
1 Stückchen Butter für die Form bzw. die Formen

- In einer Schüssel Mehl, Puderzucker, Eier und Backpulver mit einer Gabel vermischen. Zum Schluss die weiche Butter beimengen, bis sie sich gerade eben mit den übrigen Zutaten verbunden hat.
- Die Äpfel waschen und schälen, dann in kleine Stücke schneiden. Die Apfelstücke vorsichtig mit einem Küchenspatel unter den Teig mischen.
- Den Backofen auf 180 °C vorheizen.
- Die Backform(en) einfetten. Sie können einen großen Kuchen in einer einzigen Backform oder auch mehrere Mini-Kuchen gleichzeitig zubereiten. Die große Form 30 bis 35 Minuten, die kleinen Förmchen 12 bis 15 Minuten im Backofen backen (jeweils bei 180 °C).

*Für dieses Rezept lassen sich auch zu gleichen Teilen Äpfel und Birnen verwenden.*

”

**FÜR** 8 Personen
**ZUBEREITUNGSZEIT:** 30 Minuten
**RUHEZEIT:** mindestens 1 Stunde

# HERZHAFTER ODER SÜSSER STRUDELTEIG

1 kg Mehl
5 Eier
120 ml Sonnenblumenöl

Für den süßen Strudelteig:
200 g Zucker

Für den herzhaften Strudelteig:
1 TL Salz

- In der Rührschüssel einer Küchenmaschine das Mehl, 300 Milliliter Wasser, Eier und Öl mit dem Flachrührer vermischen, dann je nach gewünschter Teigart Zucker oder Salz hinzufügen.
  Die Geschwindigkeit steigern und kräftig rühren: der Teig soll sich erhitzen und am Schüsselrand kleben bleiben.

- Die Teigkugel in eine Schüssel legen, mit Frischhaltefolie abdecken und mindestens 1 Stunde im Kühlschrank aufbewahren.

- Ein sauberes Geschirrtuch auf der Arbeitsfläche ausbreiten.
  Die Teigkugel darauflegen. Den Teig mit einem Nudelholz 1,5 mm dick ausrollen und ihn dabei so weit wie möglich dehnen. Die Teigecken mit Gewichten beschweren, damit sich der sehr elastische Teig nicht wieder zusammenzieht.

- Den ausgerollten Teig mit der Füllung ihrer Wahl belegen und nach Rezeptanleitung backen.

**ZUBEREITUNGSZEIT:** 15 Minuten
**RUHEZEIT:** 15 Minuten
**BACKZEIT:** 15 Minuten

# SÜSSER, GLUTENFREIER TARTETEIG

20 g Margarine
40 g Apfelkompott
30 g gemahlene Mandeln
1 Ei
30 g Zucker
200 g Reismehl

- Den Backofen auf 180 °C vorheizen.
- Die Margarine aus dem Kühlschrank nehmen und bei Zimmertemperatur weich werden lassen.
- Mit einer Gabel das Apfelkompott unter die weiche Margarine mischen. Zuerst die gemahlenen Mandeln, dann das Ei und den Zucker zugeben. Alles gut miteinander verrühren.
- Das Reismehl untermengen.
- Den Teig zu einer Kugel formen. Die Teigkugel 15 Minuten im Kühlschrank aufbewahren.
- Zum Ausrollen des Teiges empfiehlt es sich, ihn zwischen zwei Lagen Backpapier zu legen und darin mit einem Nudelholz flach zu drücken.
- Den Tarteteig mit oder ohne Belag bei 180 °C etwa 15 Minuten im Backofen backen.

RUE
DES ECOUFFES
TRAITEUR
BOULANGER
Votre
Traiteur
Yiddish
FLORENCE
KAHN
Patisserie
Yiddish
Depuis 1932
Consultez-nous pour

BOULANGERIE
FLORENCE KAHN
Votre Traiteur de la
GASTRONOMIE YIDDISH
EUROPE CENTRALE & RUSSIE
Blinis
Pirojkis
Borscht
Latkes
Apfel Strudel
Sacher Torte
Brownie
Strudel Pavot
N.Y. Beigels
Pain au Cumin
Pain au Pavot

Paris

PAIN AU CUMIN

# FLORENCE KAHN

*Das Geschäft*

**Kommen Sie uns besuchen!**
Rue des Écouffes 24
(an der Ecke der Rue des Rosiers 19),
F-75004 Paris
Tel. 0033 -(0)1 48 87 92 85

**Sie finden uns auch online unter:**
www.florence-kahn.fr

# REZEPTREGISTER

# UMRECHNUNGS-TABELLEN FÜR MASSEINHEITEN

## FLÜSSIGKEITSMASSE

| Metrisches System | Amerikanisches System | Andere Bezeichnung |
|---|---|---|
| 5 ml | 1 Teelöffel | |
| 15 ml | 1 Esslöffel | |
| 35 ml | 1/8 cup | 1 oz (1 Unze) |
| 65 ml | 1/4 cup | 2 oz |
| 125 ml | 1/2 cup | 4 oz |
| 250 ml | 1 cup | 8 oz |
| 500 ml | 2 cups oder 1 pint | |
| 1 l | 4 cups oder 2 pints | |

## TROCKENMASSE

| Metrisches System | Amerikanisches System | Andere Bezeichnung |
|---|---|---|
| 30 g | 1 oz | |
| 55 g | 1/8 lbs | 2 oz |
| 115 g | 1/4 lbs | 4 oz |
| 170 g | 3/8 lbs | 6 oz |
| 225 g | 1/2 lbs | 8 oz |
| 454 g | 1 pound | 16 oz |

## OFENTEMPERATUR

| Hitzegrad | °Celsius | °Fahrenheit |
|---|---|---|
| Sehr schwach | 70 °C | 150 °F |
| Schwach | 100 °C | 200 °F |
| | 120 °C | 250 °F |
| Mittel | 150 °C | 300 °F |
| | 180 °C | 350 °F |
| Heiß | 200 °C | 400 °F |
| | 230 °C | 450 °F |

**An dieser Stelle möchte ich mich bei allen herzlich bedanken, die (freiwillig oder unfreiwillig) zum Entstehen dieses Buches beigetragen haben. Im Einzelnen gilt mein Dank:**

Meinen Eltern Raymonde und Jacques Kapota für ihre bedingungslose Liebe;
Meinem Bruder Alain Kapota für seine Unterstützung im Alltag, sein Vertrauen und die Hingabe, mit der er seit mehr als fünfundzwanzig Jahren mit mir zusammen dieses Geschäft führt;
Meinen Schwestern und Schwagern Dalith und Shimon Castiel sowie Minou und Tsvi Jakubowicz für ihr unglaubliches Vertrauen und ihre klugen Ratschlage;
Meinem Mann Willy Ventura für all das Glück und die Liebe, die er mir jeden Tag aufs Neue schenkt;
Meinen Kindern Laura, Dimitri und Natasha Finkelsztajn, die mich zur „schönsten Mama der Welt" gekürt haben;
Meinen Stiefkindern Joanna, David, Yaacov, Shemuel, Naomi, Ruthy und Eytan Ventura, ohne die mein heutiges Leben nicht das wäre, was es ist.
Michèle und Francis Bloumels dafür, dass sie mir geholfen haben, schwierige Phasen zu meistern, und mehr als irgendjemand sonst an mich geglaubt haben.
Meinen Mitarbeitern im Geschäft, die tagtäglich dafür sorgen, dass unsere schönen Speisen und Produkte kreiert, entwickelt, zubereitet, arrangiert, dekoriert und verkauft werden können: danke an Azzedine, Marie-Noëlle, Didier, Sophie, Hassan, Aminour, Javier, Maria, Sassi, Vazi, Vesna, Koumar, Ghislaine, Allala, Daniela, Alexia sowie an all die anderen, die mir die ganzen Jahre über zur Seite gestanden und mit mir zusammengearbeitet haben;
Claude Friedman, Sandrine Moss-Pissaro und Varda Schoenbach für ihre Rezepte und die kleinen Küchengeheimnisse und -anekdoten;
All meinen Lauf- und Stammkunden, ohne die dieses Geschäft nicht fortbestehen könnte;
Ihnen bzw. euch allen danke ich von ganzem Herzen (ich hoffe, ich habe niemanden vergessen!).

**Florence Kahn**

**Sidonie Pain bedankt sich ganz herzlich bei**

Astier de Villatte, www.astierdevillatte.com, bei der Keramikkünstlerin Martine Ménard, martine-menard.fr, und bei der Porzellan- und Schmuckdesignerin Emma Challier, www.emmachallier.com für ihre wertvolle Mitarbeit.

**Ein großes Dankeschön ...**

... natürlich an Florence, für ihre Großzügigkeit und Spontaneität sowie für ihre köstlichen Rezepte, die mich an den Geschmack meiner Kindheit erinnern ... eine bereichernde Begegnung!
An Brigitte und Marine für ihr Vertrauen und ihre Liebenswürdigkeit. An Jean-Marc und alle mir nahestehenden Menschen für ihre uneingeschränkte Unterstützung.
An meine Tochter Shirel, mein allerschönstes Geschenk, danke für ihre Lebensfreude, die mein Herz erwärmt und eine stetige Inspirationsquelle für meine Fotos ist ...

**Delphine Constantini**



Originaltitel: *Bagels, Cheesecakes & autres Recettes Yiddish – Delicatessen Florence Kahn*

ISBN 978-23-17008-32-0

**Layout Innenteil und Cover:** Patrice Renard
**Fotoreproduktionen:** Amalthéa
**Lektorat:** Isabelle Clémenceau
**Herausgeberin:** Marine Schoeser
**Herstellung:** Thierry Dubus



**Übersetzung aus dem Französischen:** Jutta Schiborr, Brüssel, für writehouse
**Lektorat:** Katrin Höller, writehouse
**Satz:** Röser Media, Karlsruhe

**Gesamtherstellung:** h.f.ullmann publishing GmbH, Potsdam

MIX
Paper from responsible sources
FSC® C016779

Printed in India, 2016

ISBN 978-3-8480-0974-9

10 9 8 7 6 5 4 3 2
X IX VIII VII VI V IV III II I

www.ullmannmedien.com
info@ullmannmedien.com
facebook.com/hfullmann
twitter.com/hfullmann